बहुत कुछ जैसा कुछ नहीं

कविता-संग्रह

बहुत कुछ जैसा कुछ नहीं

हेमन्त शेष

वाणी प्रकाशन

वाणी प्रकाशन का 'लोगो'
विख्यात चित्रकार मक़बूल फ़िदा हुसेन की
कूची से

ISBN : 978-81-8143-900-0

वाणी प्रकाशन
21-ए, दरियागंज, नयी दिल्ली-110002
द्वारा प्रकाशित

फोन : 0091#11#23273167, 23275710
फैक्स : 0091#11#23275710
ई-मेल : vaniprakashan@gmail.com
vani_prakashan@yahoo.com
वेबसाइट : www.vaniprakashan.com
प्रथम संस्करण : 2008

मूल्य : 175.00
आवरण : वाणी प्रकाशन
शिव शक्ति प्रेस, शाहदरा, दिल्ली-110032
द्वारा मुद्रित

BAHUT KUCHH JAISA KUCHH
NAHIN (Poems Collection)
by : Hemant Shesh

कवितारम्भ

हज़ारों साल पहले
किभी किसी ने पूछा था
हवा से उसका रंग,
पहाड़ों से उनकी इच्छा
आग से उसका सन्ताप,

धूप की तरह उदार और
आकाश की भाँति अनन्त
शायद वह किसी शब्द की जिज्ञासा ही रही होगी!

अक्षरों की सृष्टि में उग आये होंगे
पृथ्वी की अदम्य सहन-शक्ति के उथल-पुथल होते दृश्य,
वाक्य नन्हे पौधों की तरह उठ खड़े हुए होंगे
व्याकरण फूटा होगा फूलों की तरह
टपक पड़ा होगा अर्थ, भाषा में शहद जैसा
सारी दुनिया में भर गयी होगी कविता के वसन्त की अक्षय सुगन्ध!

पूछा होगा पहली बार जब
किसी कवि ने हवा से उसका रंग!

1982 से 2002 के बीच प्रकाशित कविताओं का संचयन

अनुक्रम

नवजात बच्चे

नवजात बच्चे लायेंगे अपने साथ बहुत से जन्मदिन
उनकी अधखुली गुलाबी मुट्ठियों में बन्द होंगे दुनिया भर के दृश्य
खाइयाँ पहाड़ और समुद्र
दीप्त होंगे उनके फूल जैसे चेहरे सन्तोष और निश्चिन्तता से
छिपी होंगी उनके कोमल पाँवों में अन्तरिक्ष की दूरियाँ
जिन्हें वे अदम्य आत्म-विश्वास के साथ कई बार नापेंगे अकेले
अपने नन्हे हाथों से वे समुद्र उलीचने का संकल्प लिखेंगे

दुर्गम पहाड़ों को तोड़ कर और खाइयों को पाट कर
वे हमारे लिए बनायेंगे आलीशान मकान
हमारी सवेरे की सैर को खुशनुमा बनाने के लिए
वे वहाँ उगायेंगे दिलक़श बग़ीचे
जहाँ दिनों तक न मुरझाने वाले फूल होंगे

नवजात बच्चे जब आयेंगे
लायेंगे पूरे परिवार के लिए
जीवन-भर की गहमागहमी शोर-शराबा समृद्धि और व्यस्तताएँ

वे जब वयस्क होंगे और हमारी ही तरह पिता बनेंगे
अपने बच्चों के बारे में वे भी कुछ इसी तरह सोचा करेंगे

नौ बजे की कविता

एक और दिन है यह
नाख़ून की सूरत में
मेरी उँगली पर उगता हुआ

मैं
इसे जानता हूँ
यह कहना शायद सही नहीं
दिन अगर नाख़ून है
तो इसका कटना भी
उतना ही निश्चित
जितनी इसकी नोक
दिन के नौ बजे

कमेड़ियाँ बग़ीचों में मशग़ूल हैं
एक बच्चा सड़क पार कर रहा है
एक अरथी गुज़र रही है
एक मास्टर कक्षा में उकता रहा है
बघार लगा रही है
पत्नी रसोईघर में

वही दाल किसी भी रसोई में किसी भी पत्नी की हो सकती है

भारतवर्ष की घड़ियों में
दिन के नौ बज रहे हैं

पौने दस बजे की कविता

बजाना घड़ी का
पौने दस।
पौने दस बजे का एक अर्थ हो सकता है
पौने दस पर सुनाई पड़ी आवाज़ें रख कर पाँव
ज़मीन पर लोग इच्छित जगहं आ पहुँचे निर्बाध।
पौने दस बजे नहीं ख़रीदनी पड़ी कभी
गिलहरी को हजामत के लिए ब्लेड।
पौने दस बजे अगर मैं नहीं हूँ
हिलता पेड़ तो मैं छत पर
बोलते कौए का ध्यान अपनी ओर कभी
आकर्षित कर पाऊँ—इसमें स्वयं मुझे
सन्देह है। पौने दस पर स्थिर आकाश।
नीम पर निम्बोली। बच्चे दे रहे हैं
प्रश्नों के जवाब। हाथ व्यस्त हैं। अरबों।
पौने दस बजे।
संसार के निहायत सहज
कार्य-व्यापार का एक अद्‌भुत क्षण।

लो उड़ी है—पेड़ से एक चिड़िया।
उसी क्षण खोली किसी ने कमरे की खिड़की।

भड़क उठी आग कविता की तभी
पौने दस बजे।

घर लौटना

वहाँ तक जहाँ तक मैं सुन सकता हूँ अपने आप को
एक सम्बोधन की तरह मैं कविता का पीछा करूँगा

उसमें मेरी माँ होगी जैसे कोई पुरानी हस्तलिपि
जिसे बरसों पहले ली गयी तस्वीर में सही तरह पहचानने में
सम्भवतः मुझे याददाश्त पर ज़ोर डालना पड़े
साइकिलों पर चढ़ कर मेला देखने जाते कुछ बच्चे भी होंगे
परिस्थितिवश जिनका बचपन अलग-अलग मकानों में गुज़रा
गर्मियों की वे उमस भरी शामें गिरती हुई मच्छरदानियाँ
जन्मदिन और मौसम के पहले अरस का ज़ायका
हैंगरों पर होंगी चौड़े पाँयचों वाली जा चुके फ़ैशन की पतलूनें
रास्ते में खोया होगा एक नया ज्यॉमैट्री बक्स
होगा सदैव की तरह स्थिर कोई शिवमन्दिर प्राचीन
सिर्फ़ किरायेदारों के ही लगातार उपयोग में आने वाला आँवले का पेड़
होंगे बहुत से मोर क्रन्दन में जिनके भीतर डबडबा रही होगी
एक अदृश्य करुणाजनक लौ...
सम्भव है वे याद दिलाने में सफल हो जायें एक समूचा बचपन और
हमें देखने को मिलें भूरे रंग के कुछ पुराने ग्रुप फ़ोटो गन्ध रंग और आवाज़ें
पर यह भी सम्भव है आप ही में से कुछ लोग कहें
रास्ता यहाँ से नहीं है मित्र

किन्तु मुझे पता है
कविता कब आपके भीतर से एक झरने की सूरत में फूटती है
और तकलीफ़ें कैसे शब्दों में तब्दील होना शुरू हो जाती हैं

इसलिए मित्रो
मैं थकूँगा नहीं न अचकचाऊँगा
फिर सुनूँगा वाक्य-विन्यास में गूँज रही अपनी पदचाप

मैं भूलूँगा और
बार-बार याद आऊँगा खुद को
अन्ततः मैं जान ही जाऊँगा घर का रास्ता : कविता का घर
जहाँ ख़त्म होते हैं सारे सपने
समय और समाज

तो कुछ इस तरह मित्रो
एक बार फिर
मैं घर के बारे में
कोई कविता लिखूँगा

वह सिर्फ़ रंग नहीं

वनस्पतियों में हरा
वह रंग नहीं है
जिसकी वजह से वनस्पतियाँ हरी हैं

सिर्फ़ पंख नहीं वे जो चिड़ियों को उड़ा कर
हज़ारों कोस लम्बे सफ़र ले जाते हैं

हर बार मिल जाते हैं
रेगिस्तान में भी नन्हे लाल फूल
मुझे नहीं लगता उन्हें रेत उगाने के लिए
कोई सिरफिरा आया होगा इतनी दूर

जिस सहजता से अंडों का कवच तोड़ कर
बाहर निकल आते हैं
मगरमच्छ के बच्चे
उसे देख कर हमारी गर्भवती स्त्रियों को सचमुच ईर्ष्या हो सकती है

निरीह साँपों की त्वचा इतनी चमकदार और चित्ताकर्षक है
कि दुनिया के प्रायः हर देश में
इससे महँगे बटुए बनाए जाने का रिवाज है

जिस विधि से गुनगुनाती हुई मधुमक्खियाँ खोज लेती हैं
अपनी पसन्द के फूल
वही सिखला देती होगी ऊदबिलावों को उल्टा तैरना

वह ठीक-ठीक क्या है
जो फलों में स्वाद, आग में गरमी और पानी में तरल है?

आपके बारे में तो नहीं मालूम
लेकिन मित्रो
इस सवाल के बाद किसी भी ताज़ा सन्तरे की चिलचिलाती सुगन्ध से
मैं कभी भी कर सकता हूँ शुरू
अपना नया जीवन

रणथम्भोर

जब तक इसे देखें यह एक दृश्य है
पहाड़ हो ज्यों कछुए की पीठ
बढ़ी हुई हजामत जंगली घास
चकित चितकबरे हिरण
आसमान एक तम्बू लगातार

किसी नींव के बग़ैर
मैं बिलकुल नयी हवा में
खड़ा हूँ : अभी-अभी जन्मा

बुझती जा रही है दिन की लालटेन
और वापस लौटने की मजबूरी सामने है

हर दृश्य से क्यों लौटना होता है
जानता नहीं अभी
लौट कर जब जाऊँगा
हवा का रंग देख कर चख कर जंगल का स्वाद
सूँघ कर वन-इच्छाओं की गन्ध
क्या ले जाऊँगा साथ
क्या कहूँगा मित्रों से बाघों के बारे में जो मार डाले गये

दुनिया की
जिसे कुछ घंटे पीछे छोड़ गया था कैसी होगी शक्ल
क्या साथ ले जा सकते हैं हम
यहाँ से अद्भुत संस्मरण केवल या पूरे नौ सौ साल?

ये पत्थर क्या सोचते हैं हमारे बारे में
नीलगायों की प्यास को ले कर
तालाब की धारणा क्या है

झड़बेरियों के पुष्प बिना प्रयास फूटते हैं
वे ही यहाँ सबसे ज़्यादा वाचाल हैं
सबसे ज़्यादा लाल

झींगुर अविराम बातें कर रहे हैं
और पेड़ों पर रिस रहा है अन्धकार
ख़रबूज़े की कटी हुई फाँक की याद दिलाता
चन्द्रमा बस उदित हुआ ही चाहता है
बस, कुछ ही क्षण और
और कुछ ही देर में रात की स्याही में डूब रहे रणथम्भोर की
यह कविता ख़त्म हो जायेगी बिना उपसंहार

द्वारकाधाम : तीन कविताएँ

एक

यों कहने को तो मारी जा चुकी हैं
ओखा के सागर की मछलियाँ
पर धरती के नथुनों में छोड़ गया है
अजस्र दुर्गन्ध
उनकी अनसुनी चीख़ों का शाप

दो

डालते ही समुद्र
तुम्हारा हाथ झटक देता है
इसी ने गुपचुप निगले हैं
न जाने कितने ही साम्राज्य और सभ्यताएँ
लहर आती है सागर से तट तक
लौट कर जाती नहीं वही फिर समुद्र में
तुम समयातीत होते हो
हर समुद्र के सामने
फिर यह लहर तो कच्छ के सागर की है
इसके लिए
सचमुच–सचमुच बहुत छोटा है
तुम्हारा हाथ

तीन

काल के निस्सीम सागर में
निरीह पृथ्वी के बचे हुए टुकड़े की सूरत में
कच्छ की खाड़ी के किनारे
लहरों पर लगभग टँगा दिख रहा है आर्यावर्त का
चौथा-धाम

हे पार्थ
तुम केवल एक टापू या 'बेट' कह कर इस क्षण के बाद
इसे अनदेखा न कर सकोगे

भयावह है यह देखना
बेट-द्वारका अब एक जगह भर है
जिस तक पहुँचने के लिए वैष्णव जन
जेटी पर
समुद्र के थपेड़े खा रही नौकाओं में चढ़ रहे हैं
सोने के महलों और कंगूरों को बहा कर
ले जा चुकी हैं अनन्त गर्भ में लहरें
इतिहास की रेत में उनके अक्स झिलमिला रहे हैं
तीर्थयात्रियों को नहीं इन सब से सरोकार
वे द्वारकाधीश के दर्शनों के बाद
काल्पनिक मोक्ष की आभा से दीप्त
डगमगाती हुई काठ की नावों में ठसाठस भरे वापस
अब ओखा की तरफ़ लौट रहे हैं

अक्सर हमारे उत्कर्ष का अन्त ऐसा ही
दारुण होता है हर इतिहास में

दीप्तिमान
और दयनीय पीछे छूटते
ओ महान
द्वारकाधाम!

किला जयगढ़ : सात कविताएँ

एक

नीलचिड़ियों के भीतर से बीत रही
कोई दुपहरी नहीं
एक ख़ाली पड़ी बावड़ी है—यह दिन

वर्ष बुर्जों और गोखों में छिप कर
बैठ गये हैं
घायल छापामार योद्धाओं की तरह

ढलती धूप में
बज रहे हैं
सूखी चट्टानों के कंकाल

किस ब्रह्मराक्षस की प्रतीक्षा में है
सदियों से
काल-भैरव?
दिया-बुर्ज पर अब कोई नहीं जलाता रोशनियाँ
दो सौ सत्तर बरस से
ठण्डी पड़ी है
यहीं
संसार की सबसे बड़ी, पर अनुपयोगी तोप—
'जयबाण'!

दो

कितना भी गहरा खोदो
हाथ नहीं लगता ख़ज़ाना
अगर वह वहाँ नहीं बचा

निश्चय ही कोई
बीजक ग़लत था, उसका
काल नहीं...

कुंड का चालीस हाथ गहरा काला जल
जयगढ़ के चौक में खड़ा
हर लालच का मुँह चिढ़ाता रहेगा अब से
हर इतिहास में

तीन

ठीक मेरी ही तरह
भूलभुलैया की चक्करदार दीर्घाओं की
गुत्थी सुलझा कर तुम भी
कहीं तो पहुँचोगे अन्ततः
शायद उसी पछतावे और अवसाद पर

बरसों से दीवारें जहाँ थीं
वहीं हैं, आज भी

व्यंग्य से देखता रहता है
लक्ष्मी-विलास की बेजान शाही तस्वीरों को
टेढ़ा काल-भैरव!

चार

सतबहनें क्या खोज रही हैं
इस रेत में?
कोई स्मृति-चिह्न नहीं
व्यस्त सैलानियों के लिए
पुराने पत्थरों की
सिर्फ़ एक और इमारत है यह

कवियों के लिए
आत्मा के उजाड़ में
झाँकने की समयातीत खिड़की

पाँच

जल गयी है
घास
और हवा में उजड़ी हुई धूप के चकत्ते
हिल रहे हैं
ढूँढार चट्टानों पर खड़ा है
हताश जयगढ़

वैभवशाली इतिहास के पटाक्षेप पर
यहीं से दिखती होगी
'जयबाण' की नाल को कभी
आमेर की सुरम्य घाटी
अब जयपुर शहर की धुँधलाती आकाश-रेखा ही देख सकता हूँ
प्रसन्नता है मुझे
इस क्षण
सवाई जैसिंह का दुःख मेरे दुःख से बहुत कम है

छह

अगर न भी जलायें
उसकी देहरी पर
धूपबत्ती या दिया
यह शिव मन्दिर, शिव मन्दिर ही कहलाएगा
भविष्य के जयगढ़ में भी
काल नहीं सुनता किसी की भी प्रार्थना
पर कल हम सुनेंगे
न जाने किस किस के एकान्त?

सात

प्रिय विद्याधर,*
आप किस लोक में हैं?
शस्त्र और शास्त्र अन्ततः हार ही जाते हैं
और
बुर्ज एकाएक
टिकट-खिड़कियों में बदल दिये जाते हैं
सिर्फ़ लोहा बूढ़ा होता है
कपाटों का
और
एक अट्टहास गूँजता रहता है
बरसों तक
ठहरी हुई हवाओं में

---

* जयपुर बसाने वाले वास्तुविद

नमस्कार! आप कैसे हैं?

एक

इसी तरह घटित होता है दिन।
आवाज़ें रोशनी के भीतर से निकल कर किसी सोये हुए
ब्रह्माण्ड को जगाती हैं।
अँधेरे और नींद की परछाइयाँ ज्यों ही ग़ायब होती हैं—
हमें एक तालाब से बाहर निकल आने का अनुभव होता है।
कुछ क्रियाएँ उसके बाद प्रायः निश्चित-सी हैं जिन्हें
सामाजीकरण की प्रक्रिया से हम सीख लेते हैं।
हमें आदतों और कपड़ों की आदत पड़ जाती है
और इस तरह बहुत सारे वर्ष स्नानगृह में चले जाते हैं।
रोटियों का स्वाद और आजीविका के दुःख।
लोगों से मिलना-जुलना और यात्राएँ।
आहत महत्वाकांक्षाओं से पैदा होने वाले आँसू।
अदृश्य खुशियाँ और प्रतीक्षाएँ।
पर सचमुच वह कोई जीवन नहीं होता
पृथ्वी पर इतना कुछ बदल जाने के बाद भी।
हम किस तरह अपने को जानते हैं?
सवाल यह है कि कवि आख़िर किस पदार्थ का बना है?
यह संसार इतनी आसानी से पीछा नहीं छोड़ने वाला।
पर इसमें लगातार इतना सम्मोहन
आख़िर किस रंग और प्रकाश की वजह से है?
और वह क्या है जिसे मैं स्थगित करता हूँ
हर बार। बार-बार।

दो

अभी अभी तुम थे और नहीं हो।
इतना अधिक बोझ। उम्मीदें। वग़ैरह। वग़ैरह।
दोपहर। शाम। रात।
नहीं, यह घटित होना नहीं है।
तब क्या मैं कह सकता हूँ कि वह क्या है
जिसे साफ़-साफ़ मैं जानता हूँ और कह सकता हूँ?
वहीं का वहीं है यह सवाल। हर बार।
और इसका सीधा सरल जवाब नहीं दिया जा सकता
किसी शब्द से
यह भी मुझे पता है।

तीन

तब मुझे और आपको उस धातु की खोज करनी चाहिए
जिससे कवि बने होते हैं।

बरसात की एक शाम

स्वादिष्ट होने की हद तक अच्छी
जितनी भी यह शाम है
दिन की कोख से फूटती उसकी एक पत्ती
आँख की जीभ पर रखी जा सकती है।

मेघों से घिरा आकाश
अगर बैंगनी रंग के बारे में नहीं बदल रहा
तो उसका श्रेय देर से
सड़क को है जिसे सुन रहा मैं, घटनाविहीन।

अभी-अभी थमी है वर्षा
और टायरों के पाँव छपना बन्द हो गये हैं
पानी की लिपि में
भीगी हुई एक चिड़िया कहीं से आ कर बल्ब पर सो गयी है।

रोशनी डूबता हुआ एक स्वर है।
पेड़ हिला-हिला कर अपने सिर
बूँदें झटक रहे हैं स्त्रियों की तरह।

वर्षा की जितनी भी यह शाम है निःशेष
है, बस है, बस है,

और मुझे इसे देखने के लिए नहीं,
स्मृति में लिखने के लिए
सचमुच सचमुच सचमुच बहुत कष्ट झेलना पड़ रहा है

पुराने बग़ीचे में

पूरे अट्ठारह साल बाद एक मुरझाते हुए कम व्यस्त बग़ीचे में
फिर बैठा दिखा
मैं यों अपने आपको :
बेहद साधारण और अतिशय फ़ुर्सत में रहने वाला निहायत अज्ञात
मुँहासों से भरा
पिचके गालों वाला घोर गैर-ज़िम्मेदार निश्चिन्त कॉलेज-विद्यार्थी।

सूखती हुई घास थी पिघलती हुई और जल रहा था पानी।
पेड़ों ने छोड़ दी थीं जड़ें और वे बिलकुल मनुष्यों जैसे थे :
लाचार और सत्वहीन।

सड़क के उस पार और फेंस के इधर उतनी-सी साधारण एक लड़की थी
चाय की दुकान पर
जो अपनी वाचाल माँ को मूर्ख बना कर
शहर की तमाम अटपटी जगहों में
लगभग हर दिन अपने उस प्रेमी से मिलने आया करती थी
जिसका हुलिया इस कविता की चौथी पाँचवीं और छठी पंक्ति में
वर्णित है।

मूँगफलियों के छिलकों में बिखरा था समाज।
कचरे के ढेर में पड़ी थीं दिनचर्याएँ।
पत्तों में उड़ रहा था भविष्य।
मृत्यु हर कहीं थी और कहीं नहीं थी।
चाय के शीशे में अचानक दिखा सिर पर उगा सफ़ेद बाल।

एक काव्य-बिम्ब उभरा और डूबा।
अचानक याद आया अपनी बेटी का चेहरा।
अचानक मैं हुआ थोड़ा और उदास।
अचानक चाहा इस पर कविता लिखूँ सफ़ेद होते बालों वाले
अपनी बेटी का भविष्य सोचते
एक उदास आदमी की बदली हुई शक्ल में
देख कर खुद को पुरानी प्रेमिका के सामने अट्ठारह साल पुराने
एक मुरझाये हुए बगीचे में,
मैंने प्रेम-कविता लिखी
पूरे अट्ठारह साल बाद
बग़ीचे से बाहर आ कर।

कीर्तन करते हंस

न जाने किस के लिए गा रहे हैं
अलस्सुबह पपड़ाते हुए तालाब में अकेले और एक साथ
कच्छ के पचासों हंस

खड़ा हूँ पाल पर जैसे पृथ्वी पर कोई अज्ञात अन्तरिक्ष-यात्री
हो रही धूमिल आकाश-रेखा जामनगर के शहर की
कीर्तन में डूबे लोग नहीं देखते हंस
हंसों को भी नहीं सुहाती विश्व की सबसे लम्बी रामधुन*
ताल के बचे हुए ज़रा-से पानी में वे बरसों से रहते हैं

नहीं यह महज़ दृश्य नहीं एक वृन्दगान है
उड़ते हुए जल जान बचाती मछलियों
और हंसों की जिजीविषा का

---

* जो जामनगर के किनारे एक मन्दिर में पिछले बीसियों सालों से अहर्निश चल रही है।

स्त्री, तुम कहाँ हो?

कहाँ है
एक स्त्री
जो सारे संसार को बुहारती है
एक स्त्री जो सम्पूर्ण दुनिया के लिए
बेलती है रोटियाँ
एक स्त्री जो विश्व भर के कपड़े धोती है
एक स्त्री जो अनगिनत पतियों के लिए बिस्तर में लेटती है
असंख्य बच्चों की माँ बनने के लिए
मुझे उस स्त्री की चिन्ता है
पर यकीन मानिए मैं कुछ नहीं कर पा रहा
सहानुभूति में कविता करने के सिवाय

अफ़सोस तो यह
कि उस स्त्री को ऐसी आलतू-फ़ालतू बातों के लिए वक्त ही नहीं
सदियों से वह व्यस्त है किसी मधुमक्खी की तरह

पाठको
आइए, हम सब मिल
कर उस स्त्री को खोजें
जो
बुहारने बेलने धोने और माँ बनने के एकान्त में
हमारी दुनिया को ध्वस्त होने से चुपचाप बचा रही है

मतदान-दल

कड़ी धूप और सनसनाती लू के बीच
खुले हुए ट्रकों में लाद कर
भेज दिये जाते हैं वे इसी तरह हर बार
लोहे के बक्सों और थैलों के साथ

उनके असबाब में चुपचाप शामिल होती हैं
कुछ पूड़ियाँ नीबू का अचार
अमृतधारा की शीशी
और बेबसी

हर बार वे ही बनवाते हैं सरकारें
और मतदान केन्द्र में तब्दील
प्राथमिक पाठशाला की
जलती हुई लालटेन में
रबर की मोहरें ढूँढ़ते हैं

नींद नहीं आती उन्हें चुनाव की रात से पहले
भारतीय दण्ड संहिता की सारी धाराओं के बावजूद

उड़ती हुई धूल-धक्कड़ में
लौट कर आते हैं वे जब हमेशा
हारे हुए विजेताओं की तरह
बढ़ जाती है उनकी दाढ़ी
...इन्तजार करती बीवियाँ उसी रात
जान पाती हैं
इस पीठासीन अधिकारी की शक्तियाँ

रहूँगा

रहूँगा ही मैं
रहूँगा

व्यस्त पृथ्वी के धीरज और
आकाश की भारहीनता में
खनिज की विलक्षणता
पानी की तरलता
आग की गर्मी और
नदियों की निरीहता में
पशुओं की पवित्रता और
दिशाओं की दयालुता में

रहूँगा ही मैं
एक शब्द की
अजरता अमरता में

यमुना में ख़ाली नावें देख कर

कितनी नावें थीं वहाँ
अकेली उचाट प्रतीक्षारत

लौट कर जिन्हें उनमें चढ़ना था
वे यात्री कहाँ गये

दोपहर थी हमारे शरीरों से
रेल की तरह गुज़रती हुई
कुछ अवाबील जिनकी आँखों में सूर्यास्त के पिघलते हुए रंग थे

गोंद था तनों को फोड़ कर बाहर आता
टहनियों पर घोंसले निर्जन
सिकुड़ी हुई गलियाँ भी थीं वहाँ
कुछ उनींदी जर्जर इमारतें
एक नदी जिनकी नींव में न जाने कब से पिघल रही थी

पिछले जन्म में जो सीढ़ियाँ थीं घाट की
वे पुनर्जन्म के बाद सन 1987 में नावें बनीं
किनारे पर ठहर कर उन्होंने प्रतीक्षा करने की आदत डाली
वर्षों से तीर्थयात्रियों के लिए वे तपस्यारत ही हैं : अकेली और उचाट

हम जानते नहीं
अब वे क्या बनेंगी इस शाप के उन्मोच
और यात्रियों को पार उतारने के बाद?

दरवाज़े

दरवाज़ों को ले कर नींद में भी चौंक कर उठ सकती हैं गृहणियाँ
कि वे ठीक से बन्द हैं भी या नहीं
अगर वे रात खुले रह जायें तो
बन जाते हैं पतियों की हद से ज़्यादा लापरवाही का प्रतीक
घर से बाहर निकलते वक़्त उन पर ताले भली प्रकार लगे हों
और मज़बूती से बन्द हो उनकी साँकल
स्त्रियाँ स्वप्न में भी घर भर की सुख-समृद्धि को निरापद देखना चाहती हैं
वे यह भी चाहती हैं
उन्हें अजनबियों के लिए खोला न जाये
जान पहचान वालों को भी इत्मीनान हो जाने तक अक्सर
दरवाज़े के सामने खड़ा रहना पड़ जाता है
वे प्रतीक्षा करवाते हैं दूध वालों को लगभग छह बजे
इसी की संद से भीतर ठेले जाते हैं अख़बार
ताला खोलने पर इसकी देहरी पर लेटी मिलती हैं कई बार चिट्ठियाँ
दरवाज़े जानते नहीं उनकी इबारत,
पर डाकिये से ज़िरह किये बिना दरवाज़े उन्हें भीतर आने देते हैं

आँधी में भड़भड़ाते दरवाज़े
बच्चों को पीटने का उपलक्ष्य हो जाते हैं

जब जब वे आवाज़ करते हैं
उनके क़ब्ज़ों में तेल डाल कर चुप करना लाज़िमी हो जाता है

उनका काठ वर्षा में भीगता है निर्विरोध
कभी-कभार दीमकों को उनका ज़ायका बड़ा पसन्द आता है
तब जाकर दरवाज़े ध्यान आकर्षित करते हैं व्यस्त गृहस्वामियों का

इनके जिस्म पर अक्सर कुछ निशान या इबारतें भी देखी जा सकती हैं
जो पड़ोस के बच्चों की कारगुज़ारी का नतीजा होंगी
बिजली की घंटियों के आविष्कार से पहले
इन्हें खटखटा कर खुलवाने की प्रथा थी
तब दस्तक के अन्दाज़ मात्र से भीतर लोग जान जाते थे
कौन खड़ा होगा बाहर
दरवाजों से ही भीतर आते हैं घर के स्वप्न,
मर्यादाएँ, असबाब, दुःख

कभी-कभार हमें वे व्यर्थ की हिंसा से भी बचाते हैं
या ऐसे समाचारों में तब्दील हो जाने से
दोपहर लगभग फ़ुरसत में रहने वाली
औरतों की जिनमें गोपनीय दिलचस्पी हुआ करती है

दूसरा दर्जा

दोपहर का वक्त था वह
पर ठीक दोपहर जैसा नहीं,
नदी जैसी कोई चीज़ भागती हुई खिड़की से बाहर
सूख रही थी
पुलों और पटरियों के शोर को उलाँघता
किसी तंद्रा में कहीं जा रहा था मैं
बाहर खेतों से उलझ रही थीं झाड़ियाँ
झाड़ियों से बेलें बेलों पर तितलियाँ तितलियों पर रंग
उन्हें ठहर कर देखने की हम में से भला
किसे फ़ुरसत थी
दृश्य जैसा हू-ब-हू
वह एक दृश्य था : किसी घाव की तरह ताज़ा और दयनीय
कछार को छू कर आ रही हवा में थे कुछ
जड़े हुए पहाड़
जिन पर छायी पीली घास
ऐसी दिखती थी जैसे कछुए की पीठ को किसी ने रेती से घिस डाला हो

लाखों बरस पहले चिड़ियों को पंख दिये गये थे
वे लोहे के अजगर की रफ़्तार से अभिभूत रेलगाड़ी के समानान्तर
एक साथ लहराती हुई उड़ रही थीं

किसी अप्रिय ज़िम्मेदारी के निर्वाह में
लोगों ने अपने घर छोड़े होंगे अक्सर इतिहास में इसी तरह
अकेला कइयों के साथ मैं कहीं चला जाता था

वे क्यों चल रहे थे मेरे साथ इस अन्तहीन समय में
आख़िर किस भरोसे पर

मैं किससे पूछता भी तो आख़िर किस से
ऊँघते और एक-दूसरे पर गिरते हुए भी वे प्रायः निर्दोष लग रहे थे
डिब्बे में साथ-साथ बैठे भी अकेले लोग
हालाँकि वे बीच-बीच में मुस्कुरा भी रहे थे
एक-दूसरे से बेतरह ऊबते हुए

ताँगे

शहरों में
अब
बहुत
कम
दिखलाई देते हैं
ताँगे

एक युग था जो बीत गया

चाबुक,
तेरे लिए जिसे करुणा है आज भी
वह घोड़े की पीठ नहीं प्रतीक्षारत
खूँटी है ऊबती हुई

घास कहाँ है
घास

दृश्य में
हरी और स्वादिष्ट
खोई हुई टापें हैं
और
ताँगों के बिखरते हुए ढाँचे
दीमक जिन्हें बहुत चाव से
चबा रही है

मक्खियाँ उड़ाओ
घावों से दयालु बनो दयालु
मक्खियाँ

घास थोड़ी घास हरी और स्वादिष्ट
घोड़ा हर किसी से कह रहा है

दयालु बनने के बजाय
मैं भी
शामिल हो गया हूँ
उन लोगों में
जो यही कह रहे हैं
दयालु बनो, दयालु

एक ज़माना था, जो चला गया
लोग शायद सोच रहे हैं : ताँग़ों की वजह से

जन्मदिवस

यहाँ तक आ रही है जिस रोशनी की मन्दी-सी ऊष्मा
उसमें मैं अवश्य खड़ा मिलूँगा फिर अगले साल
अपने-आपको बहुत से जन्मदिवसों के बाद

खुली होंगी किताबें सिरहाने और नदियाँ लगातार बह रही होंगी
बच्चों नावों खिड़कियों के इन्तज़ार में डूबे हुए देखूँगा
खुद को पैदल चलते धूप में
अपने सबसे प्रिय सबसे व्याकुल दिनों के लिए
चढ़ते हुए साइकिल पर पिघल जाऊँगा

प्रथम प्रेम की व्यतीत दोपहरी में किसी याद के भीतर
        रेल की पटरियों पर
जिन झाड़ियों की परछाइयाँ खा रही होंगी पछाड़ें उनकी व्यथा और
उनके आनन्द में
मैं फिर जन्म लेना चाहूँगा एक नीली शान्त मृत्यु में
काँपता होगा जिस पल दिन के उजास का आख़िरी धब्बा
आह्लाद और व्यग्रता में देखूँगा अपने यौवन को अपराजित

जिसे हारना चाहूँगा पहली और आख़िरी बार
एक थकी हुई किसी एक अनजान गुमसुम वर्षगाँठ से

बनास पर सूर्यास्त

बरसों से जो सारे अव्यक्त अफ़सोसों और
कृतज्ञताओं को लिए बह रही है
थोड़ा-बहुत उस नदी को जानता हूँ
किनारे पर यथावत् खड़ी हैं काँटेदार झाड़ियाँ
और हलकी नमी है कहीं-कहीं रेत में

इसका जल
रोज सूर्योदय पर केसरिया हो जाता है
लाल सुर्ख़ कर डालता है सूर्यास्त उसकी देह को
दोपहर भर उसकी अदृश्य भाप
चिलचिलाते आकाश की तरफ़ उड़ती है
रात में बनास बहुत भयानक दिखती है जब भाद्रपद का अँधेरा
उस पर छा जाता है प्रेत-बाधा की तरह
और जल की आवाज़ बार-बार निर्जन पहाड़ों से टकराती है
तब उसके पास जाने की कल्पना मात्र से रोंगटे खड़े होने लगते हैं
बालू में इसी बनास की अनगिनत ख़रबूजे उगाते हैं यहाँ के कीर
उनकी कच्ची टपरियों में चमकते हैं रात को लालटेनों के जुगनूँ
इसके पेट से दिन भर बजरी खोदते दिखते हैं मज़दूर

ठेकेदार और ट्रक ड्राइवर उन्हें
जल्दी-जल्दी हाथ न चला पाने के लिए फ़ोश गालियाँ देते हैं
बनास गूँगी बहरी उन्हें कभी नहीं सुनती
न पलट कर जवाब देती है कभी
पसीने से लथपथ वे मज़दूर अभ्रक के चमकीले

बारीक कणों वाली बजरी से नहा कर
लौटते हैं घर हर सूर्यास्त पर
नहीं जानती बनास उन्हें क्यों नहीं लुभाते
तट पर उगे खजूर के लगातार पेड़
किनारे के गोल-चिकने पत्थर
सुस्ताती हुई पुरानी नावों के सुन्दर आकार

यह नदी एक दिनचर्या है
सवेरे सैर करने वाले पेंशनयाफ़्ता बूढ़ों की
एक सुविधा, छिप कर अवैध प्रेम करने वालों के लिए
मजदूरों के लिए पेट भरने का सामान

शाम की धुँधुलाती रोशनी में पचासों थके हारे कामगार
अपनी बजती हुई साइकिलों पर टौंक की तरफ़
लौट रहे हैं थकान चूर से और सूर्यास्त के सौन्दर्य से बेख़बर

बनास की किस उदारता के लिए वे
नतमस्तक हैं
यह भी नहीं जानती क्या
क्रूर
खूबसूरत
गूँगी
बहरी
नदी?

मेरी मेज

पिछले बहुत बरसों के मेरे जीवन का है हिस्सा
और उसका बेहतरीन दुःख
जैसे मेरी अकेली शरणगाह मेरी मेज़

आयताकार छाती पर जिसकी पड़ी रह सकती हैं
अनिश्चित काल तक बेढब
बेतरतीब चीज़ें जो मुझे एक निश्चिंत और कभी-कभार
ग़ैरजिम्मेदार आदमी की संज्ञा में भी बदल सकती है

सब से ज़्यादा ढोती है यह कविताओं का बोझ
जिन्हें ले कर मैं
अकेला अक्सर बेहद परेशान और उदास होता हूँ

यही अकेली घर भर में जानती है
मेरे अपने दुःख अनगिनत
जिनकी फ़ेहरिस्त कभी नहीं बना सकेगी यह
पर अपने सपनों और जागने में बराबर
जिनके लिए चिन्तित होती रहेगी

दराजों में इसके बन्द हैं कई रहस्य
अँधेरे में जैसे
छिपा हुआ हो कटा हुआ घायल वृक्ष

मैंने देखा है शुरू से चमकीला

इसका बचपन
अभी मैं देख रहा हूँ इसकी कठिन युवावस्था

नहीं देख सकूँ शायद कभी इसका पतन इसका देहान्त

एक क़रीबी दोस्त की शक्ल में
अभी तो इसकी समूची आत्मीयता को घेरे
इस पर टिकी हुई हैं मेरी कुहनियाँ अधर से
और
किसी शिकायत या श्रद्धांजलि की तरह नहीं
धड़कते हुए एक प्रेमपत्र की तरह
य़ह छोटी-सी कविता
अभी इस पल
इसी की आत्मा लिख रहा हूँ

कायाकल्प

जूतों में भरे अन्धकार के लिए चुप रहती हैं जीवन भर सड़कें
लेटते हुए बिस्तर पर कौन याद रखता है उसका नाप

किताब में किसी भी पृष्ठ पर प्रकाशित
दिख जाता है लेखक का काल

खदकती हुई देगची घर के हाज़मे की दुरुस्ती का
देती रहती है पता

रोशनदान चटखते हैं सिर्फ़
या बदलते हैं कभी-कभार डाक के पते

अपनी नींव पर टिका हर बार मिलता है
उसी अक्षांश और देशान्तर में लगातार—घर

खिड़की की आकृति में पेड़ को यहाँ चौकोर बना लिया गया है

प्रतिदिन मैला होने में दिलचस्पी है जिस कमीज़ की
उसका रंग हमारी बैठक की दीवारों जैसा हल्का नीला है

साबुनदानियाँ निरीह पौष में ठिठुरती हैं
जलते हैं फ़र्श जून के ज्वर में शिकायत नहीं करती अलमारी
तब भी जब क्षमता से ज़्यादा भरा जा रहा होता है उसे

जानती हैं दवाई की भूरी शीशियाँ
उनका मारकेश है किसी का फिर स्वस्थ हो जाना

बेजान चीज़ों से भरी अनूठी है संसार की आत्मा
सन्तुष्ट हैं हम काम कर रहे हैं बदस्तूर मशीन के कल-पुर्जे

हर रात रखते तकिये पर अपना सिर
यह जान कर प्रसन्न होता हूँ
तकिया नहीं तकिये की संज्ञा में यह
बुने हुए सूत और रुई की नायाब जुगलबन्दी है

गौरैया

ईश्वर के सम्बन्ध में तो नहीं कह सकता
पर सहज ही होने लगता है कई बार ऐसा विश्वास—होने लगता है
कि सर्वशक्तिमान है प्रकृति किसी दिन उसे ख़याल आया होगा
कि किस तरह बहुत ही हलके आकार के
कुछ ऐसे जीवों की रचना की जाये लहरा सकें जो वायु में
ज़रूरत पड़ने पर जल में तैर कर बचा सकें अपनी जान
चल सकें ज़मीन पर
जिनमें मनुष्यों के साथ रहने की अटूट सहनशक्ति हो
और जो मानव-संसार की तमाम बेहूदगियों के बावजूद आदमी से न ऊबें
तब शायद हमारी काव्य-नायिका गौरैया का निर्माण किया गया होगा
अगर आप भी उसकी चोंच को ध्यानपूर्वक देखें तो बहुत सी चीज़ें पाएँगे
सबसे पहली तो यह कि इसी से शुरू होती है चिड़ियों की वर्णमाला
असल में यह चोंच ही चिड़िया का मुँह है
मुँह क्या यह तो निरन्तर उपयोग में आने वाला एक अंग है बहुउद्देशीय
सिवाय रात के नींद में होती है जब गौरैया
यही हड्डी लगातार सक्रिय रहती है
इसी में छिपा रहता है चिड़िया का सपना
अपने बहुत ही नन्हे, गुलाबी मांस के लोथड़ों जैसे बच्चों को दाना चुगा कर
उनकी देखरेख करने का
हाथों की तरह
इसी चोंच का इस्तेमाल नर-गौरैया
प्रेम में अपने प्रतिद्वन्द्वी को परास्त करने के लिए भी करता है
किस तरह फूल जाते हैं उसके पंख उत्तेजना में
जब कमरे में बिल्ली का आगमन होता है

उसके भीतर जैसे कोई गुब्बारा हो भर जाती है
भय और बेबस क्रोध की हवा
तब चिड़िया पहचान में नहीं आती
उसका आकार छोटा हो जाता है और
और वह किसी ठिगनी गोल-मटोल, बेबस भारतीय स्त्री जैसी लगने लगती है
फ़ौरन से भी पूर्व गौरैया आपके अध्ययन-कक्ष में छाँट लेती है
घोंसला बनाने की जगह
अपनी उसी चोंच से
बार-बार घास के तिनके लाते हुए
अपनी मौजूदगी का अहसास कराती है वह
अगर आपका कोट ग़लती से एक ही जगह टँगा रह जाये बहुत दिनों तक
तो उसकी जेब में भी अंडे देने की कुव्वत है उसमें
गर्म होती है सब पक्षियों की बीट
उसकी भी है पर शुतुरमुर्ग नहीं
यह गौरैया ही है जो निर्भीकतापूर्वक आपकी खोपड़ी को शौचालय समझ कर
उसका इस्तेमाल करती है अक्सर चेतावनी दिये बग़ैर

इस अर्थ में भी गौरैया दूसरी चिड़ियों से भिन्न है
मुझे देखो, मुझे सुनो, मुझे चाहो कहती है वह लगातार
पर आप हैं कि बस उसकी ओर कभी झाँकते ही नहीं

देखो-देखो मुझे वह कहती है देखना चाहें अगर आप उसे

यों ऊपर से सारी गौरैयाँ एक-सी दिखलायी पड़ती हैं
कम्युनिस्ट शासन के नागरिकों की तरह

पर अगर आप उन्हें ध्यानपूर्वक देखें
तो पाएँगे आप कितनी बड़ी ग़लती पर थे

पृथ्वी को सम्बोधित

किसी अथाह के भीतर गिरती इच्छाओं के लिए
यहाँ तुम कुछ देर ठहरो प्यारी पृथ्वी

रुको कि तुम्हें दिखलायी दे हमारी भाषा
जिसमें पहन रहे हों हम कपड़े
मिलेंगी तुम्हें वे दीप्तियाँ
जो इसके अर्थ से उपजें और
शब्दों के भेस में तुम्हारे निस्सीम तक पहुँच सकें
रास्ते में मिलेंगी उदारताएँ
वाष्प से बने बादलों की शक्ल में नदियाँ
मिलेगा ख़ार नमक और किताबें
मिलेंगे लोग सागर-तटों पर शीर्षासन करते
हत्यारे भी मिलेंगे सन्त और कसाई भी
इतना कुछ मिलेगा कि सब कुछ गड्ड-मड्ड होता जान पड़ेगा

प्यारी पृथ्वी,
तुम्हें काम पर जाने की जल्दी न हो अगर
और तुम्हें सचमुच दिलचस्पी हो यह जानने में
कि तुम टिकी हो, आख़िर किस केंद्र पर
तो हमें भरोसा है
तुम सूँघ लोगी
फ़ौरन से भी पहले
सुबह-शाम चूल्हे पर सेंकी जाती
गरमागरम सुनहरी रोटी की महक

आँधी

किसी अनदेखी खोह से निकला आर्तनाद है वह
आसमान फोड़ कर पृथ्वी की तरफ़ बढ़ती एक क़िरकिरी चीख़
सुनते हैं हम उस के आगमन पर
चिटकनियों की खाँसी
फड़फड़ाती हुई खिड़कियाँ
दिखते हैं पिघलते हुए दरवाज़े
लड़खड़ा कर ध्वस्त होते झाड़फ़ानूस
ढँकते हुए अपने कान
और आँखें मींचते
हम देखते हैं
क्षण भर में किसी जादू से
बदल गया अपने कपड़ों का रंग
जब गिर रहे होते हैं बाहर खम्भे
बदल जाती है क्षण भर में
चहकती हुई दुनिया
घुप्प नीले अंधकार में
अगले दिन छप रहे प्रभात संस्करण की पहली ख़बर बनने के लिए
उसके पंजे में दबा होता है
आतंक और भय से सीजती धरती का आयताकार टुकड़ा
जिसे भूगोल में शहर कहा जा सकता है
उँड़ेलती लगातार पीला रंग छज्जों और बरामदों पर
बरसों से स्थिर जड़ों को धराशाई करने की सफलता में
क्रूरतापूर्वक उखाड़ देती वह मच्छरदानियाँ

दीवारों के पलस्तर चौपड़ की महफ़िलें
चौक में शांतिपूर्वक सूखते हुए कपड़ों की जन्मजात शत्रुता में
दरख़्तों को मृत्यु की घाटी में खींच ले जाती
समाप्ति पर वह बन जाती है सिसकी नफ़रत लाचारी क्रोध
हताशा हँसी
फिर
संस्मरण

हर आँधी के बाद ऐसे ही किसी संस्मरण से
हम फिर शुरू करते हैं झाड़ पोंछकर पुराना संसार अपना जीवन

हँसती हुई इक्यासी हजार लड़कियाँ

थोड़ा अटपटा है इस कविता का शीर्षक आपको यह लगभग
अविश्वसनीय लग सकता है
और अतिरंजित भी
हो सकता है, सही हो आपका ख़याल भारत में लड़कियों की सही
संख्या के आँकड़े
जनसंख्या की पुस्तकों में होंगे पर मेरे मन में एक चित्र है लड़कियों
के इक्यासी हज़ार खिले हुए चेहरों का
फ़िलहाल मैं उसी को लेकर आपसे मुख़ातिब हूँ नहीं जानता यह
संख्या मेरे दिमाग़ में कहाँ से आयी?
संख्या भी ऐसी कि अच्छे-अच्छे सांख्यिकी-विशारदों का चकराने लगे
भेजा भी
पूरी इक्यासी हज़ार न ज़्यादा, न कम हाँ, मैं आपको इस तस्वीर का
कोई रूमानी पहलू नहीं दिखाना चाहता
इसलिए कदाचित् यह बतलाना भी ज़रूरी नहीं कि वे नाज़ुक, सुन्दर
और सनसनीखेज हैं,
या साधारण उनकी आँखें आपको 'उर्दू शायरी' में क्या याद दिलाती हैं
वे जब इठलाती हैं तो
देखने वालों के दिल पर कैसे-कैसे साँप लोट जाते हैं वग़ैरह-वग़ैरह
हाँ, कविता के अन्त तक आते-आते आपको पछताना पड़ जाये तो
कृपया आप मुझे दोष न दें
यह कवि का ही विशेषाधिकार है कि वह आपको स्वप्न और यथार्थ
के बीच झुलाता है—लगातार
तो मैं कह रहा था, वे क्यों हँस रही हैं? हो सकता है वे ख़ुश हों
युवावस्था के किसी पहले चुम्बन से

किसी ऐसी भविष्यवाणी से कि उनके भावी पति छिड़कते रहेंगे उन
पर जान
सारी इक्यासी हज़ार सौभाग्यकांक्षिणियों के मन में ख़याल हो कि
सुसंस्कारित, सुन्दर, सुडौल और लगातार प्रेम
करने वाले बाँके नौजवान ही उनके पति होंगे तो भी वे मुस्कुरा सकती
हैं खुशी से फूट पड़ते समय
लड़कियों को इस बात की परवाह नहीं होती कि सच नहीं होतीं
जीवन में बहुत-सी बातें
अधूरे रह जाते हैं—हमारे अधिकांश सपने पर उन्हें प्रसन्नचित्त देख
कर तो ऐसा नहीं लग रहा
अगर लड़कियाँ अपने-आपको घूरे जाने का अर्थ समझती हैं अगर वे
जानती हैं किस तरह
आकर्षित किया जाये राह चलते लोगों का ध्यान अगर उन्हें नये
फ़ैशन और डिजाइन की पोशाकों में
दिलचस्पी होती है और दर्जी से लाते ही वे हो आना चाहती हैं, उन्हें
पहन कर घर से बाहर अगर
उन्हें आता है, बाल काढ़ने का सलीक़ा, अगर वे रेखागणित में फ़ेल
होते हुए भी 'कोणों' के बारे में
बेहतर समझ रखती हैं, अगर वे सारा ख़ाली वक़्त शीशे के सामने
बिता कर होती रहती हैं आत्ममुग्ध
अगर वे आस-पास की अन्य सुन्दर लड़कियों से अपनी तुलना मन ही
मन करती नहीं अघातीं
तो घरेलू कामकाज में हाथ बँटाते हुए भी वे असुन्दर नहीं दिखतीं
अक्सर रसोईघर की जिम्मेदारियाँ बना डालती हैं उन्हें दुबली और
फुर्तीली
ज़रूरत पड़ने पर वे दस-बारह अप्रत्याशित मेहमानों को
चाय के साथ आलू के चिप्स तुरन्त तल कर खिला देने की योग्यता
भी रखती हैं
धो सकती हैं वे ढेरों कपड़े रोते बच्चों को चुप करा सकती हैं
घर की सफ़ाई के लिए उन पर पूरा इतमीनान किया जा सकता है
हिसाब-किताब रखने में भी वे लापरवाह नहीं होतीं आले अलमारियों
और बुखारी में रखी हुई पुरानी से पुरानी चीज़ की याद उन्हें रहती है

वे सबसे अन्त में भोजन करें तो भी उनकी सेहत पर कोई असर नहीं पड़ता
खेलों और राजनीति की तुलना में उनकी दिलचस्पी फ़िल्मों और गोलगप्पों में ज़्यादा होती है
और सबसे महत्त्वपूर्ण बात तो यह है कि उन्हें अपने जीवन का अधिकांश हिस्सा
लगभग तीन-चौथाई एक ऐसे परिवार की सदस्या या सेविका के रूप में बिताना होता है
जिससे शादी से पहले उनका पूर्व-परिचय लगभग बिलकुल ही नहीं होता
लड़कियों के जीवन में बहुत कम होते हैं हँसने के अवसर
वे फूट-फूट कर रो सकती हैं अत्यधिक आसानी से
ऐसा अभ्यास है यह जो उनके जीवन में बहुत काम आता है
क्रोध और प्रेम तो उनकी नाक पर धरा रहता है वे इसकी अभिव्यक्ति के लिए उपयुक्त अवसर नहीं देखतीं
मैं घर से भागी हुई लड़कियों की फ़ेहरिस्त आपको दे सकता हूँ जो किसी भी 'ऐरे-गैरे' के प्रेम में
सत्रह साल पुराने अपने घर को तिलांजलि दे कर किसी और का घर बसाने चली गयीं
ऐसी लड़कियाँ बेशक पिता के घर लौटती हैं
पर कुछ वक़्त बाद
जब समय का अन्तराल सारे घाव भर देता है
और उनकी जाति-बिरादरी के सामने नाक कटा चुकी माँएँ
प्यार से अपने काले-कलूटे नाती को चूमती नहीं थकतीं

तो दोस्तो, कुछ देर के लिए
उन लड़कियों को हँसता हुआ छोड़ कर
कहीं और चलें उन्हें हँसने दें

किसे पता
हँसते-हँसते
किस क्षण
निकल पड़ें
उनके आँसू

अगली सुबह

देख सका वहीं तक अपने सपनों की पीठ
वहीं तक पहुँची पक कर गिरने को उद्यत फलों की चीख़
भाषा में व्यथा एक बहुअर्थी शब्द है
वह था, तब भी वैसा ही
किस तरह धुँधला गये वस्त्रों के छापे
अचानक दिन कैसे डूबा
मैंने चाहा था हर शोक और अपनत्व में तुम्हें चूमूँ

रोशनी किसी पानी की याद दिलाती
वहाँ बराबर हिल रही थी
चाहता तो
लिख सकता था हथेली पर
अट्ठाईस बारह उन्नीस सौ बावन ई.
और खोयी हुई नावों की तलाश में जो असल नावें नहीं बरस थे
शहर से बहुत दूर निकल जाता

ज़मीन में जड़ें थीं पत्तियों को बराबर हरापन पहुँचाती हुईं
सिर्फ़ औरतें सुस्त दिख रही थीं बिस्तरों में
मुझे लगा
अन्त,
बिलकुल निकट है अन्त
इस बेग़ैरत दुनिया का, बिलकुल अन्त

आँखें खोलने पर
अगली सुबह
मैं हमेशा की तरह ग़लत साबित हुआ
इसे और और और ज़्यादा पसन्द करता हुआ

कुर्सी

हममें से शायद हर एक कुर्सी जैसी साधारण किन्तु अत्यधिक उपयोगी
चीज़ की बनावट से परिचित है
अधिकतर यह लकड़ी की बनायी जाती है और इसी वजह से हरे-भरे
वृक्ष के साथ कुर्सी बन जाने का आसन्न
ख़तरा सदैव जुड़ा होता है पेड़ के साथ दुर्घटना यह भी है कि उसे
बढ़ई के कारख़ाने तक आने से पहले
इस बात का पूर्वाभास नहीं होता कि उसे कुर्सी में तब्दील होना है
उधर कुर्सी की त्रासदी यह है कि उसे
इस बात की जानकारी नहीं होती कि उसके ख़रीदार कौन होंगे? वे
किस तरह की गुप्त चिन्ताओं और
रोगों का शिकार होंगे? उनके जीवन की उपलब्धियाँ क्या रही हैं? वे
कुर्सी पर बैठ कर क्या-क्या मंसूबे
बाँधते हैं आदि-आदि पर इस रोशनी में कुर्सी को देखें तो बहुत से
रहस्य इससे जुड़े दिखलायी देंगे किन्तु
इस बात में कोई विवाद नहीं कि इसकी बनावट ही इसकी विश्वव्यापी
लोकप्रियता का रहस्य है दो हत्थे, चार
पाँव, पीठ टिकाने का अवकाश और धरती पर टिक कर खड़े रहने का
सामर्थ्य और एक बड़ा गुण यह भी कि
कुर्सी बैठने वाले को खुद कभी धकेलती नहीं

मैंने बहुत से पहलवानों को इस पर बेखटके बैठते देखा है यह बेचारी
कुर्सी ही है जो उनकी गरिमा और
पुरानी उपलब्धियों का पूरा आदर करते हुए उन्हें कभी चित नहीं

करती उसमें एक प्रशंसनीय सहिष्णुता
कूट-कूट कर भरी है वह नीतिशास्त्र के पंडितों के लिए आदर्श
'चरित्र' भी हो सकती है अगर कुर्सी को सिर्फ़
काँच के शो-केस में सजावटी चीज़ के बतौर रखा जाये तो यह दीर्घायु
हो सकती है यों ठीक-ठाक सी
रखरखाव के सहारे इसे बहुत बरसों तक ज़िन्दा रखा जा सकता है
कुर्सी ने भाषा के विकास में भी
थोड़ा-बहुत योगदान किया है यह बात उन सारे मुहावरों से ज़ाहिर है
जो कुर्सी को ले कर गढ़े गये हैं मुहावरे
के अर्थ में कुर्सी एक प्रतीक है वहीं इसकी बड़ी बहन आराम-कुर्सी
निश्चिन्त प्रौढ़ावस्था की स्मृति हम में
जगाती है यदि कुर्सी में किसी भी तरह सोचने और अभिव्यक्त करने
का सामर्थ्य होता
तो वह यह जान कर बहुत प्रसन्न होती कि पृथ्वी के शायद सबसे
बुद्धिमान जीव
मनुष्य के इतिहास-निर्माण में उसका हाथ भी कम नहीं है

तब शायद कुर्सी कवियों से भी ज़्यादा वाचाल और राष्ट्राध्यक्षों की
दयनीय आत्ममुग्धता से बड़ी कोई बात कह रही होती!

दाम्पत्य–चार कविताएँ

एक

अगर तुम चाहो
बह सकती हो पानी में
तरलता की तरह
रह सकती हो
हवा में ऑक्सीजन जैसे रहती है
नमक में स्वाद
और पत्थर में कठोरता

यह असम्भव है
तुम न चाहो कुछ भी होना
(वह हम ईश्वर के लिए छोड़ दें)

घर के आलों में
हमारी इच्छाओं की बहुत-सी शक्लें हैं जैसे
वस्त्रों को देख कर हताशा...।
बीतना समय का दुर्गुण है और
पवित्रता एक अगरबत्ती जिसके सहारे जलता हुआ
यह बिस्तर महक रहा है
बदली हुई सूरतें हैं शीशे में
विद्रूप, आतंक, खुशियाँ हैं, कुछ यात्राएँ, विरह,

क्या यह प्रेम नहीं है?
रोना, जागना, और देखना...

अब जैसा भी है यह जीवन
हमारा है
...फिर जैसा तुम चाहो

दो

आँसुओं से शुरू होगा जो शीतयुद्ध
पछतावे पर ख़त्म होगा
उसकी आँच में पिघलते हुए हम
कैसे शुरू करेंगे अपनी अगली सुबह?
दिनचर्या में शरीक होंगी कौन-सी प्राथमिकताएँ?
चाय के प्याले में घुला होगा फिर कौन-सा नया संकल्प?
लेटी होंगी छोटी-मोटी फ़रमाइशें बिछौने पर
ऊबते हुए पुराने तकियों को
सुखी दाम्पत्य में तब्दील करतीं
बर्तनों के खड़कने की आवाज़ का मायना होगा
क्षण भर को वह भूल गयी है हमारे बीच घटित हुआ
एक दुःस्वप्न
धूप होगी उसकी हँसी
और आत्मा का गुमसुम सूरजमुखी तब
बेआवाज़
खोल लेगा अपनी पंखुड़ियाँ

तीन

प्रिये
तुम्हारी छाती के सेबों पर उगे मेरे होंठ
और
देह के पठारों पर

स्तम्भन की पुरानी घास
अभी-अभी सम्पन्न
मैथुन की नमी से यह बिस्तर जाग गया है
तुम्हारे शरीर से बाहर
एक और खिड़की है
जिसका सूर्योदय देखने के लिए अभी-अभी
मैं तुम्हें चूमना चाहता था...

चार

हमारे कठिन से कठिन
कूटलेखों को भी
आसानी से पढ़ लेती हैं पत्नियाँ
उनके भीतर एक मशीन है काल्पनिक डरों का उत्पादन करती
कभी नहीं बीतती जिसकी बैटरी और जिसके फलस्वरूप
आशंकाएँ उन्हें बराबर घेरे रहती हैं,
जिसे वे आजीवन
सच समझती हैं, महज़ गल्प होते हैं...
कुछ पुरानी तस्वीरों, बर्तनों
कपड़ों और व्यंजन विधियों के सहारे
नहीं समझा जा सकता स्त्री का गणित
अक्सर दुनिया भर के बेचारे पति
कुछ ख़ास-ख़ास मौक़ों पर बहानों की
गुप्त लिपियों को आविष्कार करते
इसे भूल जाते हैं।
और तब जो जो होता आया है, भारतीय घरों में हो सकता है,
वह विषय नहीं इस कविता का!

ऊब में दाम्पत्य

एक डरे हुए संकोच के साथ शुरू होता हूँ
हाशिये पर चले जाते हैं दुःख
अक्सर रास्ते में मिला कोई परिचित चेहरा ठिठका देता है

कठिन पहाड़े याद आने लगते हैं
और कपड़े, जिन्हें इस्तरी करवाना था
एक तितली की सूरत में दिखती है तितली
और पता लगता है मरा नहीं हूँ मैं

आसपास कुछ शब्द हैं
जिन्हें आप् पुराने मकानों की गंध से जोड़ सकते हैं
जहाँ वक़्त पर चिट्ठियों का जवाब देना सिर्फ़ अच्छी आदत होता है
रोशनी गुल हो जाने पर मोमबत्ती जला देना ढूँढ-ढाँढ़ कर
प्लेटफ़ॉर्म पर गाड़ी आने तक खड़ा रहना निर्विकार
सब एक-सी क्रियाएँ हैं
बग़ीचे की झाड़ियाँ काटते हुए पता लगता है
मैथुन के दौरान लिए गये चुम्बनों का इनसे कोई वास्ता नहीं

चल रही है जैसे-तैसे प्राचीन थियेटर में एक बहुत पुरानी रद्दी फ़िल्म
उसे टिकट ख़रीद कर भी न देंखते हुए चाव से
मूँगफली खाने का सर्वोत्तम अवसर है दाम्पत्य में ऊब का यह क्षण!

फूल, ख़ुशी, पेंसिलें

लोग घरों में उगाते हैं
फूल
सिर्फ़ अपनी ख़ुशी के लिए
मैंने बहुधा
इस मनोविज्ञान को ले कर सोचा है
और हर बार चुप हो जाना पड़ा है मुझे

कविता के भीतर चले आते हैं बच्चे
अपनी पेंसिलें ढूँढ़ते हुए
फूल उगते हैं और
देख कर ख़ुश होता हूँ घर में
उन्हें क्या पता

मुझे चुप कर देने के लिए ही
बच्चे खो देते हैं पेंसिलें

कविता और पहाड़

“देखो
इस पहाड़ को
आदमी तो इसके सामने बिलकुल चिड़िया जैसा लगे”
देख कर पहाड़ एक अनपढ़ विस्मित स्त्री बोली
अपने मर्द से

काश! कवियो, सुन सकते तुम भी उसकी कविता...
यह भी लगा मुझे
कवियों को अपने पढ़े-लिखे होने की खुशफ़हमी भला क्यों है?

खिड़की में कबूतर

बैठा कबूतर एक खिड़की में मेरी
लगता जैसे चबा डालता
मेरे शब्द

जब-जब उगता दिन एक ध्वनिविहीन, रंगहीन, गन्धहीन, बेस्वाद,
उसे लिखता मैं कविता में
कमरे में भर रही उड़ते अर्थों की गन्ध...

सूँघते हुए चले आते पेड़
इसी एक खिड़की तक
हर बार लगता है, जैसे वे निकल पड़ेंगे गन्ध के साथ

यात्रा पर पेड़ सफ़र पर कब निकलेंगे?
कब? आख़िर कब??
पूछता हर बार उस कबूतर से मैं
कभी नहीं पाता हूँ प्रत्युत्तर,
चबा रहा मेरे शब्द
बैठा वह मेरी खिड़की में अब भी अविचल

पत्थरों का वसन्त

प्रतिदिन छोड़ता हूँ पीछे अपने पाँव चिह्नों की शक्ल में
जो पत्थरों पर छपते अदृश्य

कुछ क्षण वहीं ठहर कर
सोचता हूँ
जो स्थिर है क्या वह चल नहीं रहा
किसी सापेक्षिक गति में

उदाहरण के लिए
यह पत्थर
जिसे किसी मुहूर्त की प्रतीक्षा है
कि उसके भीतर फूटें कुछ बेलें और फूल

मैं ठिठकूँ उसे देख कर और कहूँ
हर बार किसी वसन्त का कारण नहीं हूँ मैं

आत्मा की भूख

तुम्हें जीवित रखने के लिए भाषा एक लौ बन कर कौंधती है
लाखों साल से शिराओं में बहते हुए खून में

शब्द हिलता है पर, इसे गणित की तरह आसान मत समझ लेना
मैं होता हूँ अगर मैं कहूँ कि मैं हूँ
यहाँ कँपकँपाती हुई चट्टानों की कतारें हैं
जलपोत दृष्टि से ओझल होते जा रहे हैं
ज़हरीला समुद्र हमें मथ रहा है
नहीं जानता यह कौन चल रहा है सफ़र में मेरे साथ
सब-कुछ गड्ड-मड्ड और धुँधला है
सारा दृश्य जिस मोड़ पर आ कर एक विस्फोट में बदल जाना चाहता है
वहीं अचानक एक तितली अँधेरे को चीरती हुई दिखती है
उसके लाल-सुनहरे पंख मुझे अवाक् कर देते हैं
ताज्जुब है हज़ारों साल से मैं जिस चीज़ का पीछा कर रहा था
जानता ही न था आख़िर वह चीज़ है क्या

कैसा था वह चुम्बकीय आकर्षण
जो हम लोग भाषा में बँधे बेतहाशा उसके पीछे भागने लगते थे
समुद्रों का अन्त नहीं था और मुझे लौट कर घर आना ही पड़ा

प्रकटतः मैंने कविता में
आत्मा की ही चर्चा की
पर स्मृति की अदृश्य अनुपस्थिति के बिना
क्या उसकी कहानी पूरी होती

'कुछ नहीं' के बारे में

अब से पहले मेरा मानना था—
'कुछ नहीं' के बारे में कुछ भी कह सकना एक झूठ है।
उस पर कविता भी नहीं की जा सकती अगर, ईमानदारी से उसे
    बनना पड़ जाये
इसका मतलब यह नहीं निकाला जाना चाहिए कि कवि मक्कार होते हैं
तब 'कुछ नहीं' पर कैसे लिखी जा सकती है कविता?
यही सब सोचता मैं था—दृश्य में, फिर, नहीं भी।
क्या मैं ही था वह? क्या था वह दृश्य भी?
अब याद आया—रविवार की एक सुबह थी।
निखिल विश्व-प्रपंच। बदस्तूर था उसका होना, न होना।
आकाश की जगह आकाश और रंगों की जगह रंग।
वृक्ष पहचाने जाने की हद तक पुरानी आकृति में थे
जब तक वे बिलकुल अपरिचित न हो गये।
मकान पूर्ववत् ऐसे कि बरसातों से बचा जा सके।
फिर वे भी अर्थ खो बैठे।
पास के पशुओं का दुःख नहीं जान सकती थी साइकिल
मैं बैठा था बेंच पर
रविवार की एक सुबह थी साइकिल पास थी बिना चले
और तभी लगा बिलकुल उसी पल
'कुछ नहीं' के बारे में भी लिखा जाना चाहिए
पर कैसे? बहुत वक़्त लगा सोचने में
और मुझे वापस अपने में लौटना पड़ा।

यों कहीं गया थोड़े ही था। जा कैसे सकता था भला?
हजामत ने शायद कुछ वृद्धि-चिह्न दर्शाये हों
और समय? उसे तो निकलना था ही वह भी निकला ही होगा
अपने आप से माथापच्ची के बहुत देर बाद,
यह कविता रची गयी।

अब मैं बहुत ख़ुश और सन्तुष्ट हूँ
एक दुःख के समापन पर

अब तो आप मानेंगे जीवन में कई-कई बार,
कवितारम्भ के लिए मरते हैं कवि
'कुछ नहीं' के बारे में कहने की खब्त में अभी-अभी
जैसे मेरा पुनर्जन्म हुआ!

एक सार्थक शुरुआत

लाखों प्रकाश वर्षों तक पैदल चल चुकने के बाद
जागता हूँ भाषा में अचानक

पहचान में आ जाते हैं ओस के बने बादल
बीजों को पेड़ हुए देखता हूँ
जहाँ एक अविचल पहाड़ उग रहा है बेआवाज़
बालियों के भीतर पक रहा है अन्न
करोड़ों मछलियों को जीवित रखे हुए है समुद्र
फूलों से लिपटती हुई तितलियाँ
तालाबों में कमल, जहाँ तक सुन सकता हूँ
जड़ें पाताल तक पहुँच रही हैं
ब्रह्मांड के बग़ीचे में असंख्य नक्षत्र, सेबों की तरह लटके हुए हैं

इस अप्रतिम पृथ्वी को एक मकड़ी की शक्ल में
देखने वाली हिंसक आँखों के लिए यहीं से एक छोटी
किन्तु सार्थक शुरुआत हो सकती है

बहुत कुछ जैसा कुछ नहीं

तुम्हारी बेफ़िक्र आशंका की
चिलचिलाती हुई छाया से गुज़र कर ठहरा हुआ जाता हूँ
एक खेद भरी प्रसन्नता की तरफ़
हँसती हुई उदास चीजें हैं आसपास
और स्थिर लगती हुई वे गिर रही हैं
जागे हुए सपनों पैदल चलने और खुल गयी नींद की जगहों में
घर के कोने ठसाठस भर गये हैं किसी निर्वात से
लोग हैं, और नहीं हैं
शब्द के कटे हुए गले में अटकी है एक ख़ामोश चीख़

मेरे सिवाय निकाल सकेगा कौन वह दुखती हुई फाँस?
पूछता हूँ सबसे, और चुप रहता हूँ

अनजाने गन्तव्यों की तरफ़ चले जा रहे हैं लोग
ठिठके हुए
दिखते हैं वे ग़ायब होती किसी जगह, किसी नींद, किसी छाया में

तुम्हारे होने, न होने के बीच
अभी-अभी पैदा हुई है
एक मरती हुई याद

मुझे लगता है
इसे तो मैं बहुत पहले भूल चुका

अतीन्द्रिय

रोज इसी वक्त गुज़रती है यह रेलगाड़ी
याद आते हैं मुझे सिर्फ़ स्वप्न
कभी जो मैंने देखे
वे क्रूरताएँ वे मोह वे परीक्षाएँ जो मैंने पास कीं
हवा में खुल जाती हैं खिड़कियों की तरह
        मैं कई वर्ष पीछे लौट जाता हूँ
        उलाँघ कर वक़्त का प्लेटफ़ॉर्म
और ख़ुद को किसी टिकटघर के सामने खड़ा पाता हूँ
        न जाने कौन सी यात्रा है यह
        कौन सा गन्तव्य
सब कुछ अधलिखा और लिपिबद्ध खो जाता है
        शोर में
एक मटमैली धुंध कन्धों पर उतर आती है
कोहनी के तले अतीत
    ज्यों कोई पढ़ा जा चुका अख़बार
ठोड़ी पर टिका हुआ इन्तजार
'सामान बांध लो, नज़दीक है घर' कोई कह देता है।
पर कभी खत्म नहीं होता है सफ़र
हमेशा जो स्वप्न में शुरू होता है
यह रेलगाड़ी रोज़ इसी वक़्त गुज़रती है!

नदी-यात्रा

बन्द सन्दूकों से लदी नावें काली औरतों की भीड़
बहते हुए पानी की आवाज़ें
शोरगुल से भरी यात्राओं का कोई अन्त नहीं
सख़्त हाथों वाले उम्र को कोसते मल्लाह
दूर चमकती हैं रोशनियाँ
पीछे शान्त छूट गया कोई गाँव अधबने मकान
एक खास गंध वाली धूल की बोली में बात करने को उद्यत गलियाँ
जल्दी-जल्दी छिप जाने वाले दृश्य
कहाँ-कहाँ छुआ है वक़्त का वह चाकू?
उभर आया कोई नीला निशान
दिखाओ तो दिखाओ सचमुच वक्त के काटे का निशान
बहुत जल्दी उभर आता है!
लेकिन दर्शन या मुहावरे सोचने का अवसर कहाँ है?

मैंने कहा न मित्र अपने हाथ इस पानी में डाल दो
लगातार छूट रहा है कोई अनदेखा गाँव
जिसके नाम से हमारा कभी ताल्लुक़ नहीं रहा
न हुआ कभी कोई परिचय
अस्तु, बातचीत का तो कोई प्रश्न ही नहीं

किन्तु वक्त का कसैला चाकू अब भी दृश्यों को नोक से छू रहा है
देखो कभी यह सब कुछ लुप्त हो जायेगा
इसे अपनी आँखों में सुरक्षित रख लो

आखिरी बार डाल लो जल में अपने हाथ
देखो दूर चमकती हैं रोशनियाँ
और छू रहा है हमेशा की तरह
तमाम दृश्यों को वक्त का चाकू
कभी यह सब लुप्त हो जायेगा देखना

प्रेम और मृत्यु में

एक पड़ाव ऐसा है हर कविता में
जहाँ प्रेम और मृत्यु—
दोनों का एक ही मर्म है

अनन्त नीली रोशनी में डूबे हुए फूल
वहाँ खिले मिलते हैं आँख खुलने पर
आर्द्र बेचैनी छायी होती है हर कहीं
चुपचाप पिघल रहे होते हैं स्फटिक रंग

आकाश की ओर जाती हुई मौन प्रार्थनाएँ
बीच में ही थम जाती हैं
उन्हें रास्ते से भटकाने के लिए
बहुत-सी चीजें मिल जाती हैं मार्ग में
नए वस्त्र
देर तक रहने वाली ख़ुशबुओं में भीगे पत्र
देह से बाहर निकल जाने की उम्र
और बेपनाह फ़ुर्सतें

हम देखते हैं चेहरों पर छायी ऋतुओं की आभा
होठों पर जमा निस्सीम शान्ति का समुद्र
आँखों में ठसाठस भरे असमाप्त दृश्य
पैरों में लिपटी हुई दिशाएँ
और नींद की घाटियों के फूल

लगभग एक जैसे ध्वनिहीन विस्फोट से
शुरू होती हैं दोनों की चिन्ताएँ
और उपसंहार में सिवाय संस्मरणों के कुछ नहीं रहता शेष–
प्रेम और मृत्यु में!

घर लौटना

कोहरे और ओस से भरे दिनों को
याद करता हूँ
जैसे मैं फिर लौटता हूँ घर
अकेला और निरुपाय
पीछे छोड़ कर अपना असबाब

बन्द हैं दरवाज़े और
चिड़ियों के चहचहाने की ध्वनि आ रही है
सीढ़ियों को न जाने किसका इन्तज़ार है

मुरझाती हुई दूब और ज़मीन पर
गिरते हुए पत्तों पर चल कर मुझे कहीं पहुँचना था

याद करता हूँ बचपन के पहले
स्कूल की घंटी का स्वर
खुल जाते हैं मुझ में
पढ़ी जा चुकी किताबों के मुखपृष्ठ
एक अदृश्य हाथ मेरे कन्धे छू लेता है
कपड़े वैसे ही तह किए मिलते हैं
घर लौटने पर
रसोई में उड़ रही होती है
बासमती चावल पकने की सुगन्ध जो धीमे-धीमे
सारे शहर को अपनी गिरफ्त में ले लेती है

मुझे याद नहीं मैं कहाँ जाने के
लिए निकला था कहाँ तक आ गया

घर न जाने कैसा आश्चर्यलोक है
जहाँ से चलता हूँ
हर बार कविता में
बस वहीं लौट आता हूँ

बतलाएगा कौन
कि घर से जाने और
लौट कर घर आने के बीच
आखिर
मैं कहाँ होता हूँ?

एक नदी की स्मृति में

(मई में बनास देख कर)

देखा मैंने भरी पूरी एक नदी को अचानक सूखते हुए
जीवन में जैसे आ जाते हैं
कभी-कभी प्रसन्नताओं के बाद घोर अवसाद के दिन
वह छोड़ रही थी धीरे-धीरे अपना किनारा
दिनोंदिन सिकोड़ रही थी अपना जिस्म
किनारे के पत्थरों पर बने पानी के निशानों से ही
देखने वाले अनुमान कर सकते थे—अरे! कभी यहाँ तक था नदी का जल

पहले वह थमी
फिर कुम्हलाई एक बेल की तरह
फिर बन गयी सूखती हुई लकीर
अन्त में वहाँ रह गयी सिर्फ़ रेत

बच्चे उसमें खोज रहे थे सीपियाँ
लोग पैदल यहाँ से वहाँ रेत में सैर कर रहे थे

मैंने देखना चाहा नदी को
शाम के नीम अँधेरे में बनास के फ्रेजर पुल से गुज़रते समय

पर वह आखिर थी कहाँ
नदी
जिसे मैं नदी की स्मृति की तरह
जानता था बहुत बहुत बरसों से?

पहाड़ से लौट कर

हम
जहाँ कहीं जायें
पहाड़ हमें बुलायेंगे

उनकी कोख से
फूटेंगे झरने
जिन के जल में हमारे लौटने की प्रतीक्षाएँ दर्ज होंगी

आकाश के अनन्त की तरफ़ तनी होंगी
उनकी चोटियाँ बदस्तूर सनसनाती हुई

हवाएँ होंगी वहाँ
और निरभ्र चट्टानें जिन पर अंकित होंगे
हमारे अदृश्य पदचिह्न

लौट कर पहाड़ों से जब हम आयेंगे
अपने घर
बोलते हुए
पहाड़ साथ लायेंगे

एक पर्व है घर

हर सुबह खुल जाता है घर एक छाते की तरह निःशब्द
थकी-माँदी सीढ़ियों पर हमेशा इन्तज़ार में मिलते हैं अखबार
दूध की बोतलों का जीवन वहीं से शुरू होता है
रसोई से उठती हैं पकते हुए अन्न की पदचापें
वस्त्रों में छिपी रहती हैं यादें
न जाने कैसे धूल आलों और अलमारियों में जम जाती है
दुनिया भर की झाड़-पोंछ के बावजूद
पर्दों के साथ हिलते हैं खिड़की पर ठहरे वर्ष
फ्रेमों में पुरानी तस्वीरें ऊँघती हैं
बर्तनों की खटर-पटर से टूट जाती है मुँह अँधेरे
घर की नींद
छज्जों पर काई बेआवाज़ उग आती है
जैसे मुँडेरों पर उम्मीदें
बरामदों में प्रतीक्षाएँ
और कमरों में घटनाएँ

बिस्तरों पर लेटी रहती हैं फुर्सतें
आरामकुर्सियों पर अलसाती हैं निश्चिंतताएँ
दोपहर की धूप में तय की जाती है
शाम की रसोई
स्वेटरों के लिए डिजाइन
वहीं पढ़ी जाती हैं चिट्ठियाँ और व्यंजनों की विधियाँ
छत पर अक्सर सुखाए जाते हैं पापड़ और अचार
हर रात जब सारे घर पर नींद का नशा छा जाता है
बेखटके घूमते हैं चूहे
तश्तरियों में उनके प्रीतिभोज के लिए
बहुत कुछ छोड़ा गया होता है

नींद में मोहनजोदड़ो

पृथ्वी की विराट् करवट में दफ़न है एक समूचा शहर
अपने उत्कर्ष और सम्पन्नता की लक़दक़ से थक कर सोया हुआ

न जाने उसके बाजारों में ठसाठस भरे रहे हों
कैसे कैसे आभूषण अद्भुत वस्त्र खिलौने बर्तन
उसके जलाशयों में खिलें हों असंख्य कमल
सूर्योदय का इन्तज़ार करते हुए
सदियों तक रसोईघरों में पका हो सुवासित अन्न
काम से लौट कर आने वाले
क्लान्त गृहस्वामियों के लिए घर की स्त्रियों ने बरसों लगाए हों
जूड़ों में फूल
अनगिनत शामें बच्चों ने बिताई हों उद्यानों में खेलते हुए

डूबता हूँ किसी अथाह समुद्र में
देखता जाता हूँ मैं कुछ चिर-परिचित दृश्य
पढ़ता हूँ नींद में कोई अज्ञात चित्रलिपि
पर अन्ततः धरती के भीतर से बरामद होते हैं
निस्तब्ध हम्माम उजाड़ राजमार्ग
निर्जन नाट्यगृह
घरों के सूने चौक जानवरों से खाली चरागाह

मैं जानता हूँ
शताब्दियों बाद भी दुनिया में सब कुछ एक-सा रहता है
सिवाय समय के

हमारे निकट रह जाती है
हर बार सिर्फ़ अवशेषों से भरी धरती—मृत्यु जैसी शान्त और भव्य

किन्तु हर बार नींद खुलने पर पूरी पृथ्वी पर
सिर्फ़ मैं ही क्यों होता हूँ शोकग्रस्त और व्यथित

क्यों नहीं हो पाता काल जैसा अगम्य अनादि अचल
नहीं बन पाता क्यों
शानदार सभ्यताओं की दारुण पराजय का स्थितप्रज्ञ गवाह!

पुरानी चिट्ठियाँ

कोई एक पुरानी चिट्ठी
खोल देती है मुझ में अँधेरा बन्द तहख़ाना
एक सन्दूक जैसे खुला करता था काठ का विशालकाय
कभी बचपन में निकलते थे
जिसमें सर्दियाँ आने पर दस्ताने मफ़लर लबादे जर्सियाँ और कनटोप

पढ़ कर पुराने पत्र क्षणों बरसों पीछे चला जाता हूँ
दोस्तों के साथ देखता हूँ खुद को पहाड़ियों पर निरुद्देश्य भटकता
ख़तों में मिल जाती हैं वे ही परिचित झाड़ियाँ
हवा में कँपकँपाती सरकण्डों की सरसराहट
पश्चिम की तरफ़ ढल रहे धूप के अक्स
हमारी साइकिलों का पीछा कर रहे होते हैं
दुबारा सुनता हूँ पत्रों में अपनी हमेशा-सी खिन्न माँ की नसीहतें
कि कैसा होना चाहिए बहू-बेटियों को

हर बार लौट आती हैं चिट्ठियों में कविता भेजने के लिए
सम्पादकों की फ़र्माइशें
कभी अपने किसी पाठक की निर्बाध प्रशंसा पढ़ कर
दोबारा फूल जाता हूँ
कभी पुराने पत्र ले जाते हैं सुदूर लोकों के सफ़र पर
और फिर से छोड़ आते हैं हमें जवानी के सिनेमाघरों में
जहाँ पहले से टिकट ख़रीद कर साथ पढ़ने वाली कुछ लड़कियाँ
हमारी बेसब्री से प्रतीक्षा करती मिलती हैं

पत्रों में घुले रहते हैं न जाने कितने
हर्ष शोक खेद उल्लास विषाद
प्यार धिक्कार उलाहने आग्रह
आशंकाएँ खुशियाँ भय
विरह अवसाद बहाने स्नेह और चिन्ताएँ

बीते हुए ज़माने के बरसों से बन्द तहखाने की चाबी है
एक पुरानी चिट्ठी

मधुमक्खियाँ

किस आत्मलीनता में डूबी रहती हैं मधुमक्खियाँ
वे कब सोती और कब जागती हैं
निरन्तर उड़ती और गुनगुनाती ही क्यों दिखलाई देती हैं मधुमक्खियाँ
क्या वे जानती हैं कब होगा उनका देहान्त
वे कब आयी थीं पृथ्वी पर और किस दिन के लिए जीवित हैं

वे कैसे खोज लेती हैं फूलों के झुरमुट,
सुगन्ध के स्रोत
उपयुक्त आकार के तने

जीवन के उजालों की स्मृति हम में जगातीं
वे निर्द्वंद्व व्यस्त रहती हैं
पराग से शहद बनाने की कर्तव्यपरायणता में
कालचक्रों से अप्रभावित मौसमों से उदासीन
हमारी जिज्ञासाओं से निरपेक्ष
बनाती रहती हैं वे काली दाढ़ी जैसे घने छत्ते

लोग बेरहमी से भले ही जिन्हें तोड़ डालें
मधुमक्खियों के डंक की संरचना पर
जीव विज्ञान के छात्र भले ही लिखते रहें शोध-लेख

कभी खंडन नहीं करतीं वे
प्रकृतिशास्त्रियों का चिन्तकों और कवियों का

दुनिया की एक नायाब चीज़–
शहद का आविष्कार करते हुए
अनजाने ही छोड़ जाती हैं
न जाने किन-किन के लिए अनबूझी पहेलियाँ

प्रलय से पहले चीज़ें

मामूली चीज़ों की शक्ल धर कर प्रतिदिन
असंख्य बार नियामतें दुर्निवार प्रलय को रोकती हैं
जैसे ध्यान से देखने पर दरवाज़े दस्तक की प्रतीक्षा में डूबे जान पड़ते हैं
किसे ख़बर घर के बर्तन चाहते हों
उन में लोग प्रतिदिन स्वादिष्ट भोजन ही किया करें

खिड़कियों की एकमात्र अभिलाषा हो
हर सुबह ढेर-सी धूप उनके भीतर आए
फ़र्श चाहते हों वे नियमित रूप से पोंछे जायें
ताकि नये और दमकते से दीखें कमरे
शीशों की इच्छा हो आत्ममुग्धता में आपको निहारतीं
सिर्फ़ सुन्दर स्त्रियाँ ही उनके सम्मुख खड़ी हों
सोचती हों किताबें प्रतिदिन उन्हें ध्यानपूर्वक पढ़ा जाये

कैसी-कैसी खूबसूरत चीज़ें हमारे निकट बसती हैं
हमें सम्मोहन और सनसनी में डुबोती हुई

कभी पल भर भी आप अगर ध्यान से उनकी तरफ़ देखें तो पाएँगे
वे हर विध्वंस और अवमूल्यन के विरुद्ध
दुनिया को रहने लायक एक दिलचस्प जगह बनाए रखने में
चुपचाप हमारी मदद करती हैं

मई की छुट्टियाँ

जब भी हवा में एक ज्वर की तरह
उतर आती है मई
पुलों और पटरियों की याद दिलाती
चन्द पीले दिन तपती चिटकनियाँ और शर्बत के गिलास
पिघलने लगते हैं आर्द्र होकर हमारे भीतर
याद रह जाते हैं हमें निर्जन नदियों के तट
चपटे पेट वाली नौकाओं के औंधे पड़े शरीर
जल में लुढ़की हुई थोड़ी सी भाग्यशाली झाड़ियों के आकार
प्यास एक हिचकी की तरह
अटक रही होती है गले में
और ग्रीष्म सफ़ेद कफ़न की शक्ल में
दृश्यों के कन्धों पर रखी दिखलाई देती है

छुट्टियों से लौटना ही होता है
हमें हर बार उसी शैली में बाँध कर अपना सामान
बदले में छोड़ कर पीछे
बेफ़िक्र अपना व्यतीत समय चेहरे और बदली हुई दिनचर्याएँ
याद रह जाते हैं
पैदल चलने के अवसर सफ़र की सनसनी और
अपरिचित दुकानदारों के सम्बोधन

अन्त तक दिखलाई देते हैं कटी हुई सरसों के खेत
और उड़ते हुए कबूतर खाली मैदान और दिशाएँ
पुल ओर पटरियाँ

ये सब किराएदारों
जैसे रहते हैं हमारे भीतर
अगली मई तक
एक पीले ज्वर की तरह

किताबें

खोल देती हैं वे हम में सदियों से बन्द आँखें
उन से टपकने लगते हैं पछतावे
अपने बहुत छोटे और मामूली होने के

पन्नों पर उगे रहते हैं पठार
दर्ज होते हैं एक से एक रोचक युग
वे ढहते हुए विराट् को थाम लेती हैं

कागज़ आसमान में तब्दील हो जाते हैं

वे ले जाती हैं उँगली थाम कर बस्तियों और बीहड़ों के पार
झाड़ियों और सूर्यास्त के दृश्यों से दूर
परास्त सभ्यताएँ उनमें खड़ी हो रही होती हैं पेड़ों की तरह

वे हमारे भीतर चिड़ियों की तरह घोंसले बनाती हैं
फिर उनमें से निकल आते हैं कुछ दृश्य
और पानी की शक्ल धर कर तालाबों पर उग आते हैं
वे ऊदबिलावों की समाप्तप्राय नस्लों को ले कर डूब सकती हैं चिन्ता में
उनमें गूँज सकती हैं असंख्य अजानें मंदिर के घंटे घड़ियाल प्रार्थनाएँ
उनमें वृहस्पति की धरती के खनिज हो सकते हैं
या एक निरपराध स्त्री का मर्मबेधी रुदन
वे निरपराध कटते हुए पेड़ों के लिए भेजती हैं शोक-संदेश
उत्तर का इन्तज़ार किए बिना उतर जाती हैं घाटों पर
जीवन की गहमागहमी से आसक्त

करोड़ों मील लम्बे रेगिस्तान में वे बरसात की तरह उदित होती हैं
वे हमें पढ़ती हैं जब हम उन्हें पढ़ने का ढोंग कर रहे होते हैं

कौन जाने शायद सिर्फ़ उन्हीं से
घोंसले नदी के तट स्मृतियाँ घर ईश्वर ग्रह
सुगन्ध सन्नाटे भूगोल जानकारियाँ भाषा तालाब
बचपन उत्सर्ग प्रेम और पेड़
संसार में जरूरी सामान की तरह हमारे भीतर बचे रह सकते हों....

जुलाई में मल्लाह

समुद्र खदक रहे हैं किसी देगची में
वे जहाज़ अब नहीं लौटे
जिन पर सवार थे वज्र जैसी बाँहों वाले मल्लाह
जिन के भीतर एक बच्चे की किलकारियाँ थीं
एक पत्नी की फ़र्माइशें
एक दोस्त की शुभकामनाएँ
एक पिता के आशीर्वाद

समुद्रों के झाग बदल देते हैं दिनमान
और जुलाई के आकाश में पुती रहती है
अक्सर तूफ़ान की आशंका
जिसे दुनिया की तमाम वस्तुओं के उपसंहार तक पहुँचना है एक दिन
मल्लाह जानते हैं अदृश्य में सूत कातते हुए
बहुत सी तकलियाँ लोगों के पेट में घूमती हैं
हर मनुष्य को छोड़ देना होता है बिस्तर
और समेट कर अपने जाल असबाब
निकलना पड़ता है समुद्र में टूटी हुई नाव पर सवार

कभी-कभी महीनों बाद उन्हें दिखलाई देती हैं अवाबीलें
बरसों बाद पेड़ दशाब्दियों के बाद शहर के संकेत
सदियों बाद उस स्वर्ग की दिव्य रोशनियाँ
जो घर की खिड़की पर आकाशदीप की शक्ल में जलती हैं

बंदरगाहों में जब छटपटा रही होंगी नौकाएँ

मरती हुई मछलियों की तरह
और सागर से उफन कर बाहर आ रहा होगा नमक
मल्लाहों की स्मृति में चमकने लगेंगे
किलकारियों, फ़र्माइशों, शुभकामनाओं और आशीर्वाद के अक्स
पेड़ों के तने उतारने लगेंगे केंचुल
घड़ियों में लौट रहा होगा
कच्ची शराब की गंध का वक्त

कविता में
पैदल चलते-चलते जहाज़ और पेड़
एक दिन जरूर उसी एक घर की नींव तक जा पहुँचेंगे
जो गेहूँ, सूत और मल्लाहों के वापस आने की
आत्मीय प्रतीक्षा पर टिकी है

स्त्री

(ब्राज़ील के कवि म्यूरिलो मैंडस की रचना 'अधचिड़िया' पढ़ कर)

अन्तरिक्ष के आखिरी छोर पर खड़ी एक स्त्री
पक्षियों को पंख
पेट को अन्न आँखों को दृश्य
कवियों को बिम्ब देती है

उसकी सार्वभौमिक उदारता में
उत्ताल समुद्र नतमस्तक हो जाते हैं
पृथ्वी की चंचल और भंगुर वनस्पतियाँ
उसके सत्कार में कोमल दूब की आकृति धारण कर
धरती पर लेट जाना चाहती हैं
कविता के लिए भाषा आलोक की तरह आसमान से उतरती है
फिर वह कविता ख़त्म हो जाने तक समुद्र दूब और पक्षियों के साथ
उसके अंतरिक्ष से पृथ्वी पर आविर्भूत होने की निष्फल प्रतीक्षा करती है

सन 1968 ई॰ से मैं
उस स्त्री का ऋणी हूँ

जो कविता नहीं कहती

कविता कहती है सिर्फ़ तीन दिन बाद लोग बदल जायेंगे
पत्नियों को बेइन्तहा प्यार करने वाले और
बच्चों की इच्छाओं के लिए समर्पित
शाम को अच्छे कपड़े पहन कर बगीचे में घूमने वाले
दुकानदारों द्वारा लौटाई गयी रेज़गारी को न गिनने वाले
यहाँ वहाँ थूक देने की आदतों से सख़्त एतराज करने वाले
बाज़ार से बिना ख़रीदे भी खुश दीखने वाले
रेस्त्राओं में दोस्तों को कॉफ़ी पिला कर प्रसन्नतापूर्वक बिल चुकाने वाले

कविता कहती है सिर्फ़ तीन दिन बाद
लोग रोटियों को स्वाद लेकर खाएँगे
अच्छी सब्ज़ी की तारीफ़ करेंगे
महिलाओं के लिए बस की सीट छोड़ देंगे
बूढ़ों को हाथ पकड़ कर रास्ता पार कराएँगे
अपरिचितों से भी मिलेंगे मुस्करा कर
और विदा में नम्रतापूर्वक जोड़ देंगे हाथ
अतिथियों के आगमन पर खुश होंगे
अपनी छोटी-छोटी पराजयों पर रोएँगे नहीं लोग
केवल तीन दिन बाद
कविता कहती है

वे तीन दिन तीन रातों के बाद आयेंगे

वे तीन रातें कब आएँगी, पृथ्वी पर लोगों तक
कविता नहीं कह सकती!

जैसलमेर

रेत

एक दृश्य था असमाप्त
उचाट निस्संग आकाश
और बाँझ पृथ्वी के बीच टँगा हुआ

किवाड़ भेड़ें और गोबर लिपे आँगन
सवेरे से टीलों के बीच उबल रहे थे
खेजड़ी के बचे-खुचे पत्तों को पीलिया था और
दसों दिशाओं को रतौंधी

देखा तभी मैंने
मिट्टी के चूल्हों पर मीलों लम्बी लू को खौलते
वह लताड़ की तरह पड़ रही थी
उड़ते हुए अंगारों के बीच से रास्ता बनाता
एक ऊँट सवार न जाने किस दिशा में जा रहा था
एक पैदल स्त्री सिर्फ़ एक मटका पानी की तजबीज में
तीन कोस दूर से चल कर
डेढ़ सौ हाथ गहरे कुएँ तक आ रही थी

ठिठका मैं यकायक
अचम्भे की तरह लगने लगी सारी सृष्टि
दारुण दुःख और लाचारी के लहूलुहान रंग चारों तरफ़ उड़ने लगे

मिट्टी जैसे दिखने लगे ऊँटों के काफ़िले
और मटकों में तब्दील हो गईं पैदल चलती स्त्रियाँ
अभ्यस्त हो गये साफ़े पगड़ियाँ ओढ़नियाँ घाघरे अँगरखे
और गोरबन्द लम्बी लू की लताड़ों के

फिर लोगों ने सहजता से कहा :
पहले भी कटा है आगे भी ऐसे ही कट जायेगा यह जीवन
दोस्त तुम अपनी राह लो

...और यह दोस्त वहाँ से चुपचाप
खिसक आया दृश्य की तरफ़ पीठ करके
अपनी बिलकुल भिन्न सुविधाजनक दुनिया में
किन्तु
कमायचे* पर बजती एक दर्द-भरी लोक धुन
और
चूल्हों की बुझी हुई राख का रंग
बरसों बाद आज भी उसका पीछा नहीं छोड़ता

---

* पश्चिमी राजस्थान का लोकवाद्य

मैं मिलूँगा तुमसे

इसी जन्म में
मैं तुमसे मिलूँगा किसी दिन

डाक में जैसे मिलती है चिट्ठी
हाथों से मिलते हैं दस्ताने
डायरी में मिल जाता है कोई पुराना पता
सड़क पर मिले किसी नोट
और भूलने के बहुत दिन बाद
अचानक याद आए एक फ़ोन नम्बर की तरह मैं तुमसे मिलूँगा

पढ़ कर पहले दिन स्कूल से घर लौटे बच्चे की तरह या
सुखान्त नाटकों के उपसंहार पर जैसे मिलते हैं बिछुड़े हुए लोग

मुझे भरोसा है
कभी न कभी परिचित किसी हस्तलेख
किसी स्वाद
किसी सुगन्ध
किसी ध्वनि
किसी अर्थ की तरह
अचानक किसी दिन मैं तुमसे मिलूँगा

अज्ञातवास से लौट कर

अपने हर अज्ञातवास पर
हम थे पहाड़ जैसे निष्कम्प किन्तु भीतर से ओस जैसे आर्द्र
खेद और प्रतीक्षा में निकल रहे थे वर्ष
वस्तुएँ बरस रही थीं बेरहमी से राहगीरों पर
बचाव में सिर्फ़ रह गयी थीं मंगलकामनाएँ घर के चूल्हों में
बहनों के निकट भाइयों के लौटने का इन्तजार था
बुने हुए स्वेटर जैसा

इस बीच पता नहीं वे कब लौटे
राहगीरों का क्या हुआ
जब पूरी हुई अज्ञातवास की अवधि
और हम वापस आए संसार में
चूल्हों और राहगीरों
बहनों और स्वेटरों को
हम ने लगभग वैसा ही चिन्ताग्रस्त देखा

आँधी

आँधी एक शब्द ही नहीं हादसा है
किसी प्रकोप किसी अतीत किसी महीने की पौध
हमारे भीतर उगाती हुई
यह घड़ियों से गायब कर देती है वक़्त
थरथराती हुई धमनियों में उतार देती है
सन्नाटे का भयानक और आकर्षक पीला रंग
पल भर में बदल जाती है चहकती हुई वस्तुओं की आत्मा
और हर चीज़ अपना आधार खोती जान पड़ती है
आसमान से निचुड़ कर गिरने लगता है सर्वव्याप्त नीला अन्धकार
अक्सर पूर्वाभास हो जाता है मवेशियों और पक्षियों को आँधी का
भयत्रस्त दिखलाई पड़ती है घोंसले में दुबकी हुई गौरैया

न जाने किस बढ़ई के हाथ से छूटा हुआ एक रन्दा है—वह
जो अपने आसपास को छीलता है
एक क्रुद्ध हाथ है
क्षण भर में ध्वस्त कर डालता है जो मनुष्य की निर्मितियाँ
मकानों के टीन-टप्पर
बैठकों की सजावट चौकों के बर्तन-भाँडे

मुँह में भरी हुई बेस्वाद किरकिराहट
और गश्त लगाती धूल का एक ताण्डव है वह
समापन पर जिसके अख़बारनवीसों को अचानक दिखलाई देने लगते हैं
टेलीफ़ोन के मुड़े हुए खम्भे पछाड़ खाकर सड़कों पर धराशायी पड़े पेड़
और बिजली के टूटे हुए तार

किसी डरावनी फ़िल्म की तरह शुरू हो जाती है आँधी
मुखपृष्ठ की पहली ख़बर बनते हुए

अन्त में रह जाती है वहाँ
अतीत को वर्तमान और वर्तमान को भविष्य से जोड़ने की
एक कष्टदायक कार्यवाही

वह जगाती है हमारे भीतर न जाने कैसे-कैसे ज़माने

"पत्थर तक उड़ने लगे थे, सन चालीस की आँधी में"
शायद कहते हों अब भी कुछ पुराने लोग

सवेरे की चाय

आज तीन मई उन्नीस सौ अठ्यासी है मंगलवार
गर्मियों के दिन हैं पंचांग के अनुसार ज्येष्ठ कृष्ण द्वितीया
और घड़ी में छः बजा चाहते हैं
अब हमारी प्रातःकालीन सभा शुरू होती है

कहीं पास ही बज रही है आकाशवाणी
घड़ी मिला रहे होंगे कुछ समयपाबन्द लोग
सम्भव है कुछ मेरे जैसे अलसाए हुए बिस्तर में हों

सड़क के अदृश्य मोड़ से निकल कर आ रहा है एक परिचित कुत्ता
जिसके बालों का रंग सड़क के कोलतार से भी काला और दर्शनीय है

अख़बार का इन्तज़ार हमारी दिनचर्या का पहला चरण है
अगले कुछ मिनट हम उसी कार्य को करेंगे

मैं जानता हूँ आधा विश्व गुसलखानों में होगा
आधा टूथपेस्ट की ट्यूब में
किन्तु खिड़की में फँसी बिना सजी सँवरी फ़ैशनेबल
औरतें दयनीय लग रही हैं
मृत्यु-भय से सैर के बाद लौट रहा है 55 से ऊपर के अधेड़ों का दल
बसें खाँसने लगी हैं नींद से उठकर एकाएक और
चार रिक्शे मोड़ के स्टैंड पर सवारियों की बाट जोह रहे हैं
छः सैंतीस पर छूटती है लुहारु-सवाईमाधोपुर पैसेन्जर
और आपको जल्दी न हो तो यहाँ से स्टेशन का किराया

सिर्फ़ ढाई रुपये है
ब्राह्म मुहूर्त में सक्रिय हैं शहर भर की चिड़ियाँ

मुझे गर्व है रोनाल्ड रीगन और मिखाइल गोर्बाचोव
दोनों मिल कर भी नष्ट नहीं कर पाए हैं
सवेरे की चाय का मेरा कप महकता हुआ धुआं
उसमें से उठ रहा है
हर सुबह की तरह

दोपहर की नींद

समय जैसा वह कुछ भी नहीं था जिसे बीतना पड़ता
जिन शरीरों के भीतर से दोपहर को गुज़रना पड़ा
कदाचित् वे भी हमारे न हों
दूर सम्भवतः सिर्फ़ छायाएँ हिलती थीं लाचार और निस्तेज
भ्रम होता था जैसे कोई हमारी शिराएँ काट रहा हो
किसी भी मज़ाक़ पर हँसी नहीं आती थी
और कोई फ़िक्र उदासी नहीं जगा पाता था

दिशाएँ सिर्फ़ आभास भर थीं और
शुरू-शुरू में सिर्फ़ ऐसा लगा
जैसे आप किसी पुराने तालाब में नाक बन्द करके गोता लगाते हों
पानी न ठंडा था, न गर्म
(आश्चर्य वह गुनगुना भी न था)

होने की स्मृति सिर्फ़ कुछ ही पल साथ रही अगर उसे स्मृति कह सकें
सिर्फ़ कुछ रंगों ने चाहा धब्बों में बदल जाने से पहले
वे साफ़-साफ़ पहचाने जायें
सिर कटी आवाज़ें किसी कुएँ के भीतर से आने लगीं
जैसे धुन्ध ने उन्हें अपने में लपेट लिया हो
फिर चलती हुई बेआवाज़ फ़िल्म जैसी कोई चीज़ कब
एकाएक टूट गयी कोई नहीं कह सकता

चींटियाँ

चींटियाँ मृत्यु तक सर्वशक्तिमान हैं
भूमि पर स्थित हर चीज़ तक उनकी पहुँच है

वे जानती हैं मनुष्य की क्षुद्र और नश्वर दुनिया के बहुत से तथ्य
अपनी सूक्ष्म नाकों से भी सूँघ सकती हैं
चीनी और चावल के दानों की उपस्थिति
हर बार सुराग लग ही जाता है उन्हें मेज़ के नीचे फैले अन्न-कणों का
हर बार मालूम होता है वहाँ से चींटियों को
अपने घर का सबसे छोटा रास्ता
वे व्यस्ततापूर्वक उस पर चल पड़ती हैं
और कभी पलट कर नहीं देखतीं

न वे प्रतीक्षा करती हैं न पूछताछ
वे कभी नहीं देखतीं अपना भविष्यफल पत्र-पत्रिकाओं में
सफ़र पर निकलने के लिए
उन्हें नहीं ज़माना पड़ता हजामत का सामान
उन्हें अपने साहसिक अभियानों की ख़बर अख़बारों में छपवाने में भी
कोई दिलचस्पी नहीं होती
चींटियों के जीवन पर बनायी जाती हैं फ़िल्में
दिये जाते हैं विज्ञानसम्मत भाषण
उन पर लिखे जाते हैं दिलचस्प नाटक
पर वे कभी उन्हें देखने नहीं आतीं

उन्हें पता होती है यह बात जून के बाद आता है जुलाई
तब उन्हें साँस लेने तक की फ़ुरसत नहीं मिलती
बरसात की ऋतु से पहले ही अपने बच्चों के लिए अटा देती हैं वे
बिलों को राशन से
अपने से कई गुना मज़बूत और बड़ी चीजों को अत्यधिक छोटे मुँहों से
गन्तव्य तक खींच कर ले आने की कला में निष्णात होने के बावजूद
वे गर्व में भर कर फूल नहीं जातीं
और पुरानी शक्लों में ही बनी रहती हैं

हवाई जहाज़ की खिड़कियों से बेशक चींटियाँ दिखलायी नहीं देतीं
पर उस वक़्त भी वे पूरी पृथ्वी पर फैली होती हैं
नन्हे अन्न कणों की तरह
और सबसे बड़ी बात तो यह कि चींटियों को अपनी
पूरी प्रगतिशीलता और काव्यात्मकता के बावजूद
कभी कवि होने की ग़लतफ़हमी नहीं होती

सबसे विश्वसनीय खबर

हिल रही है
धूप में जो शाख़
चिड़ियों के लिए
फ़रवरी की हवा में
वही है
विश्वसनीय ख़बर
दुनिया नष्ट नहीं होगी
किसी अख़बार से

पड़ी है घास पर
अकेली आरामकुर्सी
जिस पर धूप में
बैठूँगा
अख़बार ले कर

और
अख़बार नहीं
हवा में चिड़ियों के लिए
हिलती उस अकेली मेरे संसार की उसी एक
ख़बर की वजह से कुछ पल और
बैठा रह सकूँगा

एक कविता का लिखा जाना

मुझे जिन-जिन चीज़ों ने लुभाया कविता के
बीच वे ही सबसे खतरनाक थीं
उनमें दहकती हुई नदियाँ और पिघलते हुए पेड़ थे
उनमें पैदा होते हुए बच्चों का रोना था और
शवयात्राओं का हाहाकार उनमें फूल थे जो बरसों तक
खिले रह सकते थे और गिरगिट जो उड़ कर चाँद पर जा सकते थे

उन चीज़ों में शामिल नहीं थी एक कवि की उदासी
उसके शब्दों का कम्पन उसकी निरीह आत्मा की चीख़
उसका होना और न होना

कविता में बहुत साल तक इसी तरह सूर्योदय हुआ
उसमें बहुत-सी शामें भी हुईं जिनके अन्त में शराब पी गयी
अन्ततः शब्दों में रस सूखना था, वह सूखा

कविता के अन्त में
मैं फिर अपने-आपसे मुख़ातिब हूँ

यह कहने और साबित करने के लिए
कविता किसी भी परायी आग
और
पानी के सहारे नहीं लिखी जाती

माँ

दुर्गम पहाड़ों के परे अबाध झरनों के पार
बीहड़ जंगलों के आखिरी किनारे पर
अकेली रहती है जो स्त्री
वही शायद हम सब की माँ है

बहुत दफ़ा हम बहुत-सी चीज़ों को नहीं जानते
हम ये भी नहीं जानते माँएँ अपने बच्चों के लिए
क्यों प्रार्थनाएँ करती हैं
क्यों रखती हैं वे आए दिन व्रत उपवास मन्नतें माँगती हैं

निर्जन वन में बिलकुल अकेले रहते हुए भी
कातती हैं दिन-रात वे हमारे लिए संस्कारों का सूत

ये कपड़े जो हम लोगों ने पहन रखे हैं
और जिन्हें पहन कर हम आज इतना इतरा रहे हैं
माँ के काते सूत से ही बने हैं
हमने अर्से से उसे नहीं देखा
सिर्फ़ उसके बनाए वस्त्र पहने हैं और उसकी दी हुई भाषा बोली है

सदियों से सोच रहे हैं हम
अपनी कृतज्ञता व्यक्त करने के लिए
किसी दिन माँ से मिलने दुर्गम पहाड़ों से परे
अबाध झरनों के पार बीहड़ जंगल के आखिरी छोर तक जायें

तभी से सामने हैं
दो मामूली, किन्तु अनुत्तरित सवाल–
अपने 'होने' की कृतज्ञता के लिए बोलें माँ से किन शब्दों में?
उसके लिए आखिर कौन-सी चीज़ ले जायें?

प्रवास-काठियावाड़

झुर्रियों से भरती काली धरती
लम्बा होता क़द दोपहर का
बढ़ने की जल्दी नहीं है अगर किसी को
तो वे बस पेड़ हैं—
जो अपने-आपको झाड़ी बन जाने से बचा रहे हैं
चर रही हैं अदृश्य गायें अदृश्य घास
अदृश्य बच्चे फेंक रहे हैं, अदृश्य पत्थर, अदृश्य फलों की तरफ़
एक अदृश्य ताल से अदृश्य औरतें अदृश्य पानी ला रही हैं
चार साल से झेल रही है कुछ इसी तरह काठियावाड़ की काया
इन्द्र के हंटर की मार
पर 'डाँडिया' के लिए उसकी आज्ञा लेने की ज़रूरत नहीं
जब-जब भूलूँगा—काठियावाड़
आएगी याद पगडंडी पर चलती एक पैदल चितवन
खेत जोतता रंगों से भरा एक साफ़ा
चिलचिलाती मई
पेड़, सूखा ताल और कच्चे आँगनों में सूखतीं
अचार के लिए बिछायी गयीं
सुर्ख़ लाल मिर्चें

लालटेन-1

वह, जो डबडबा गया है भीतर बुझती रोशनी का आलोक,
चाहेंगे हम तत्क्षण उसे किसी बचाये हुए काव्यार्थ से जोड़ना

तारीख़ों का मतलब क्या है घड़ियों की सभ्यता में?
वे उड़ती आ रही हैं
किसी अतीन्द्रिय ऊँचाई से बेमतलब,
सारी उकताहटों का, चिन्ताओं का काल एक है

ध्वंस और अँधेरे से भरी रात में
कोई लालटेन ज़रूर है हमारे अन्दर
ज़रूरत पड़ने पर जिसे हर सम्भ्रम में
कविता के चकमक से जलाया जा सकता है

लालटेन-2

दूर से जलते हुए केसरिया धब्बे की तरह दिपती थी वह
अगणित थे उसके होने के मायने
पिघलती हुई आर्द्र रोशनी में पास-पास बैठना
और दीवार पर देर रात तक काँपती हुई परछाइयों को ताकते रहना
उसी के जलने से शुरू होती थी रोमांचक क़िस्से-कहानियों की रात
सुख-दुःख की घड़ियाँ
वह दिखाती थी हाथ भर दूर की चीज़ें
पर जीवन भर लोग उस पर बेपनाह भरोसा करते थे

ऐसा नहीं कि अब दुनिया में लालटेनों का चलन नहीं है,
पर खेद!
लालटेन की आकृति में हमारी भीतर बुझ गयी है
जिस आत्मीयता की लौ,
सिर्फ़ किसी पछतावे भर से फिर नहीं जलाया जा सकता उसे

कहाँ है लालटेन

यह कौन सा दिन है मेरे भीतर झिलमिलाता हुआ
क्या यह एक प्रतीक्षा है किसी प्रेम के अँधेरे की
जिसमें तुम एक उजाले की शक्ल में दिखती हो स्मृति
बीते हुए कुछ मौसमों और भविष्य के काठ को छीलता हुआ समय
हमारी इच्छाओं का काल है।
एक बहुत लम्बा कछार, जिसमें बदलती हुई सूरतों के दरख्त हिलते हैं।
पराजय, घास नहीं हो सकती।
न वह पत्ता, जो मन के कुंड में किसी अपरिचित वर्तमान से झरता हो
धुन्ध लगातार उड़ती है और बादल
पानी के बोझ से फट कर बरसते हैं।
कत्थई दिशाओं का इन्तजार का सरौता काटता है।
रेत के अंतिम छोर पर हिलता है गहरा केसरिया रंग।
निश्चय ही वहाँ बुझते हुए जुगनुओं के दिये टिमटिमाते होंगे।
पवित्रता का एक शब्द ही है देह के सागर की कोई अनन्त तरंग।
स्पर्शों के भीतर चले जाते हैं कुछ बेचैन और उदास वार।
सुलता है एकान्त। उड़ कर जाती हुई चिड़िया की पीली चहचहाहट।
पानी उलीचती हुई नाव हरे कच्चे सिंघाड़ों के तालाब को काटती है।
बार-बार चिट्ठियों की बाट जोहना। शुभकामनाओं के वाक्य।
रसीला और कुछ आर्द्र बहता रहता है हमारे भीतर।
स्वाद के किनारे वह जो खड़ा है–स्तब्ध, जिज्ञासा जैसा,
उसी से हमें शुरू करना होता है अपना जीवन,
कष्ट कहाँ नहीं है?
शब्द में जो बहुत कुछ अनकहा है, किसी पहाड़-सा,
उसी के हाथों में सौंप

कर मैं अपना 'होना' तुम्हारी तरफ़ चलता दिखता हूँ खुद को
तारीख़ें और वर्ष आँधी में उथल-पुथल होते जाते हैं। कौन बतायेगा
लालटेन किधर रखी है? आख़िर यह क्या है? क्या? जिसे सुविधा
के लिए हम समय का नाम देना सीखते हैं
अपने लिए बचाये गये जीवन में,
अगर अँधेरे के भेस में वह एक रोशनी है।

किसी और दिन के लिए

इस वक़्त जैसा भी जो कुछ भी मेरे पास है और जो
नहीं है उसी से शुरू करूँगा मैं
कि यह है एक रात और दो बज चुके हैं
क़ायदे से अब तक नींद में होना चाहिए था
मुझे और मैं किसी घटना के लिए जाग रहा हूँ

क्या कर सकता है एक कवि भला इस संसार में?
प्रेम या घृणा, क्या नहीं कर सकता है वह कविता में?
हाँ, यह रात है, और रातों ही जैसी, और
इसे रात ही कहा जाना चाहिए, हर भाषा में बेंत की खाली
कुर्सियाँ, धूल फाँकती रोशनी, उदासी
जिसके कन्धे छिल गये हैं, एक प्रतीक्षा में, वे दिन पता नहीं कहाँ हैं?
मुझे अपने लिए अपनी भाषा में किसी
चमत्कार की जरूरत नहीं।
नहीं है 'लोग क्या कहेंगे' वाला डर भी
इस पल में सिर्फ़ हूँ और मेरा होना।
उसी होने के आख़िरी सिरे पर रात के सवा दो बज रहे हैं
करवट बदल रही है मेरे भीतर रेतघड़ी

एक रेल गुज़र रही है कहीं पहुँचने या न पहुँचने के लिए

रात
क्या फिर तुम एक सपना हो,
तुम एक भ्रम हो सकती हो, एक यथार्थ भी ढाई बजे

क्यों अब तक मैंने प्रेम नहीं किया अपने-आपसे?
आपको क्या यह भयानक बात नहीं लगती?

दूसरों के लिए ही सारे दुःख और प्रसन्नताएँ
छुटकारा नहीं मिलने वाला
पिघलते हुए अख़बार, जमते हुए परदे,
बहते हुए मच्छर, फटते हुए मूर्तिशिल्प
पढ़ा जा चुका दूध, और भिनभिनाती हवा,
देखना

किसी दिन मैं संज्ञाओं और विशेषणों के इस गड़बड़ क्रम की तरह
इन सब दिनों को भी सहज भूल जाऊँगा!

रात

यह कोई दूसरा नक्षत्र ही है बहुत सारे प्रयोजनों के लिए
प्रकाश में हम जिस दुनिया से परिचित थे
वह तो पश्चिम के सूर्यास्त पर ही बुझ गयी

तुम्हारे भीतर इच्छाओं ने अपनी नींद तोड़ी
और अनजाने रंग झिलमिलाने लगे

रात भी इस बात को समझती है कि हर बार उस के
काले जादू में पृथ्वी का सिर्फ़ आधा हिस्सा ही डूबता है,
पर यह कोई उल्लेखनीय सूचना नहीं
तर्क और विवेक के विद्रोह के बावजूद मैं इसे शब्द में समझना चाहूँगा

कैसे चढ़ता है जूड़ी-बुख़ार
और तारीख़ की काया बदल कर राख हो जाती है
आँख खुलने पर भी लगता है कोई सिरहाने खड़ा है
क्या वे पेड़ हैं—पेड़ जो बादलों की तरह शक्लें बदल रहे हैं
आँखों में भरे रेडियम के अंगारों के सहारे
शायद कोई बिल्ली मुँडेर पर चल रही है
हर आहट को सुन रही है सड़क
गली में शराब पी कर लौट रहे आदमी के पदचिह्न छप गये हैं

टपक रहा है खम्भों से पीला जलरंग
नींद जाग रही है ध्वनियाँ खुद को सुन रही हैं

स्पर्श अपने-आपको छू रहे हैं
पानी को प्यास लग रही है

भौंकते हुए कुत्तों का रुदन चन्द्रमा से बह कर आ रहा है
बिस्तरों के गुरुत्वाकर्षण ने थकी हुई स्त्रियों को खींच लिया है

कुछ ही घंटों में कितना बदल जाता है चिन्ताओं का केन्द्र
सिर्फ़ जानते हैं तकिये घर के

रात की सैर को रात के समुद्र की तरफ़ जाते हुए
आज तक मैं रात को कभी नहीं समझ पाया
और सचमुच इस बात का मुझे कोई मलाल नहीं है
इस रात भी

आँसू

साहित्यिक मूल्यों की दृष्टि से आँसुओं में छिपा रहता है
अक्सर किसी अधलिखी कविता या कहानी का अंश
जीवविज्ञान के अनुसार वे हमारी प्रजाति का विशेषाधिकार हैं
ख़ास तौर पर मनुष्य को नष्ट होने से बचाने में उनकी उपयोगिता
        असंदिग्ध है
यद्यपि मनोविज्ञान की दूसरी शर्त यह है कि
उन्हें वास्तविक ही होना चाहिए

यदि तुम पानी में ज़रा-सा खार और नमक मिला दो
और उसे जीभ की नोक से छुओ
तुम पाओगे
आत्मा की व्यथा के सच्चे प्रतीक का अद्वितीय घोल तैयार है
आँसुओं को चाहिए सदैव एक असहनीय दुःख
जो इस जीवन के लिए एक मामूली-सी घटना भर है
यह बात अलग है आँसू झूठ और सच का भेद भी डालते हैं
और नीतिशास्त्र के लिए ऐसे अन्तर का भी अपना एक महत्त्व है

पर बच्चों और कवियों के आँसुओं की तो बात ही कुछ निराली है
जिसे बेबसी और निश्छलता और पवित्रता और मासूमियत
और ईश्वर आदि-आदि पर लिखे गये किसी साहित्य में
ठीक-ठीक तरह
व्यक्त नहीं किया जा सका है शायद आज तक

यक्ष-प्रश्न

घर लौट कर
देखता हूँ
बदला हुआ नक़्शा
बिखरे हुए खिलौने
जमा दिये हैं किसी ने
नल टपक रहा है
रोशनियाँ ग़ायब
और
सन्नाटा

निस्तब्ध फ़र्श पर
गिरा है अभी-अभी
चिड़िया का नन्हा-सा
एक भूरा पंख
ज़रूर कोई रहता होगा
यहाँ पिछले जन्म में
चाहता हूँ
बार-बार जानना
मेरा वह हमशक्ल आख़िर
कौन है?

कौन हैं आप?
पूछता हूँ

गूँजता प्रतिप्रश्न
आप कौन हैं? कौन हैं?
प्रश्नकर्त्ता, घर और मैं
अनेक जन्मों से
तीनों मौन हैं

उजड़े हुए घर

(कुलधरा* गाँव, जैसलमेर की याद में)

हमने कहीं देखे थे
वे घर
जिनमें अब कोई नहीं रहता
खुले पड़े दरवाज़े इन्तजार थे और सूखे हुए पीपल के पत्ते
सीढ़ियों को ढाँपे हुए
न सत्कार में जुड़े हाथ नमस्कार थे
न किसी का आगमन एक हलकी चीख़
किसी के लिए भी घर में नहीं बन रही थी चाय
न संसार के किसी भी डाक-बक्से में
कोई अपनी चिट्ठी उस पते पर डाल रहा था
घर के बच्चे कभी वापस न लौटने को ही
गये थे
अपने बस्तों और जहाज़ों के साथ
रसोईघर एक बुझा हुआ चूल्हा था
जो साथ न ले जाया जा सका था
चुप्पी एक आवाज़ थी कमरों में बराबर लगाती हुई
दीमकों ने निर्मित कर लिए थे बिल
और वे बराबर सक्रिय थीं फ़र्श पर
हमारे ठीक सामने
ठहरा हुआ था राख जैसी हवा का डंक
हमने पाया दरवाज़ों का बंद होना ताकि

---

*सालों पहले का उजड़ चुका एक गाँव—'कुलधरा' जिसके अवशेष आज भी हैं।

खोल सके कोई उन्हें हमारे लिए
हमने सुनी खुशी जो हमारे आने से घर में जगी
हमने पी चाय जो निस्सन्देह बहुत स्वादिष्ट थी
बच्चों के गालों को छुआ
चूल्हे पर उतरती हुई गर्म रोटी को सूँघा
फिर
उन दीमकों को देख कर रो पड़े
फ़र्श पर कहीं नहीं थे
जिनके बिल

तबादला

(उमेश पारीक के लिए)

बहुत दिनों बाद आश्चर्य में घिरते
फिर से लौटना उसी शहर में
बस की चौकोर खिड़की में नहीं समातीं नयी नयी इमारतें
कल तक ख़ाली पड़े मैदान में
विशाल कुकुरमुत्ते की तरह एकाएक उग आयी नुमाइश
सगे-सम्बन्धियों के जल्दी से न पहचाने जा सकने वाले चेहरे

कैसी विडम्बना है कि हर बार भूल जाते हैं
हम अपने ही घर का मार्ग

कितनी तेज़ी से बदल जाती है दुनिया
व्यथा और आश्चर्य में डूब कर मैं कहना चाहूँगा
हर बार, हर किसी से और हो सकता है
किसी से भी कह न पाऊँ

हो सकता है शहर की भीड़-भाड़ से घबरा कर मैं
पकड़ लूँ पहली रेल और कहीं चला जाऊँ

पर सड़क से गुज़रते हुए यह भी हो सकता है
नज़र आ जाये हमें किसी पुराने दोस्त का घर
जो ज़रा भी न बदला हो इस बीच
हू-ब-हू वैसी ही हो जिसकी रंगत
दृश्यों के बीच वैसा ही हो जिसके होने का अहसास

तो सम्भव है एकाएक मैं भूल जाऊँ
कि मैं किस जरूरी काम से सचिवालय जा रहा था
और ठिठक कर खड़ा रहूँ कुछ देर वहीं

कुछ पल खुश हो लूँ यह खोज कर
कि क्रूरता और आपाधापी से भरी तेज़ रफ़्तार दुनिया में
अब भी अवशेष है कुछ ऐसा
जो पवित्र और अनबदला है हमारे बचपन के दिनों-सा
और जिसके सहारे
हम शहर में छुट्टियों के चंद कठिन दिन काट सकते हैं

समय जैसा ही कुछ

कौन गा रहा है यह मेरे भीतर?
कौन रो रहा है निःशब्द?
घिरती है शाम।
पेड़ों के जिस्म उदासी में हिलते हैं।
एक धूमिल होते हुए अक्स की तरह पिघलता हूँ मैं चुपचाप।
मित्रो, अब मुझे सोना है।
अनन्त नींद की घाटी से आती अपने नाम की आवाज़ अगर
कोई सपना नहीं है तो मैं सुन रहा हूँ रोज मृत्यु की पदचापें।

आहटें आखिर पत्थर तो नहीं हैं।

दिन फिर आयेंगेः कल के तमाम उलाहनों को ले कर।
भूलने लगेंगे हम नाम। चेहरों का भूगोल।
फिर तुम पूछोगे—हाँ, कहाँ था मैं किस्से की शुरुआत में?
कभी भी खत्म नहीं होती कथा अगर वह प्रेम से शुरू होती है।

चेहरे ढँक लेते हैं अतीत और स्मृति की छायाएँ पिघलती हैं।
फूल। रोशनियाँ। धूप। सन्नाटे। प्रतीक्षाएँ।
और रात की घंटियाँ घुल जाते हैं एक सख्त अफ़सोस के जबड़ों में।
जो गया वह क्या था? जो है वह क्या है?
आ रहा है जो वह कैसा होगा?

मैं अकेला कहाँ चला जाता हूँ अपने आप को छोड़ कर?
इस तरह भूल जाना अपना चेहरा
और एक अच्छा आदमी बने रहने के तमाम त्रासद संकल्पों से उपजी
बेबात मुस्कुराहट में खो देना अपने नाम को बार-बार।
हिलते हुए दिन का आखिरी सिरा गीले कपड़े की तरह निचुड़ता है।

पानी गिरने की आवाज़ से याद आते हैं कुछ वाक्य।
जहाँ भी है रोशनी बस एक याददाश्त है।
एक भीगा हुआ संस्मरण और ठिठुरे हुए कुछ पुराने बहाने।
उलाहनों के चिथड़े।
अकेले तय किए गये सफ़र।
तुम किस शैली में जीवित हो इन पानियों के पार?

नदियों से बहा कर लाई जाती सिकी हुई रेत
और जंगली बेलों पर खिलते बैंगनी फूलों की तरह?
जड़ों ने नमी की सारी चिट्ठियाँ उस जगह तक पहुँचा दी होंगी
जहाँ पकते हुए रसीले फलों की याद में
किसी भी क्षण वे अचानक जाग जायेंगी।
वे किस किस से पूछेंगी अपनी देह का पता
और कौन सा घर बसाएँगी?

होता जा रहा है संसार और अकेला प्रतिदिन।
चीलें। तनाव। रचाव। देह। धूल। रूखापन। मौका। धोखे। संस्मरण।
एकान्त। चुम्बन। चिड़िया। रंग। कम्पन। रहस्य। व्याकुलता। शोक।
अधूरापन। थकान। कामना। इन्तजार। घर। पेड़। वापसी। चाँद।
व्यस्तता। दोस्ती। कोहरा। दुपहर। सम्बन्ध। नींद। तृप्ति। निश्चय।
वायदे पीड़ा। उलझनें। धूप। चिट्ठियाँ। पहाड़। लुका-छिपी। अफ़सोस।
टूटना। दूरियाँ। भागमभाग। किताबें। हाथ। खिड़की। इतिहास।
बेबसी। पंख। गर्द। मौसम। सेब। अक्षर। पुल। अकेलापन।

मेरा एक हमशक्ल ढूँढ़ता
इन में
न
जाने
कब
से
किसे?

आगमन

बहुत बरसों बाद
अचानक जब हम आयेंगेअपने घर
किस तरह होगा हमारा स्वागत?

क्या हमारे आगमन पर
लोगों के मुँह से चीख निकल जायेगी ख़ुशी की
या हालचाल पूछने को
लोग काम छोड़ कर दौड़ पड़ेंगे!

क्या आँसुओं से भर उठेंगी घर-भर की आँखें
आर्द्र आवाज़ में हो सकता है कोई पूछे बार-बार
इतने बरस तुम कहाँ रहे बेटा?

घर के दालान में बहुत बड़े हो गये होंगे पेड़
कबड्डी खेलने की जगह बन गये होंगे गुसलखाने
हो सकता है बहुत से ऐसे सवाल भी
पूछे जायें जिनका जवाब मुझ से न बन पड़े

दिन बीतते जायेंगे एक के बाद एक
धीरे-धीरे बेजान पड़ने लगेगी आत्मीयता की गर्मी
रसोईघर में फिर से उबलने लगेगी वही पुरानी पालक-दाल

हो सकता है एकाएक हम चले जायें घर से तब
और बरसों तक ख़बर ही न लगे किसी को घर में

पर अचानक जब भी लौट कर आयेंगे
हम अपने घर
किस तरह होगा हमारा स्वागत
बहुत बरसों बाद?

अनन्त उपक्रम

किनारे बैठ कर
मेरे लिए चिन्ता है
वही एक मछली
अपूर्व अद्वितीय सुनहली
जाल भी नया
खूब मजबूत है
इरादा पक्का
अलौकिक प्रकाश से
भर जायेगा मछलीघर
नहीं यह वह नहीं
थी जो चिर-अपेक्षित
डालता हूँ जाल
फिर फिर फिर
नहीं पाता कभी
वह थी जो प्रतीक्षित
फिर डालता हूँ
डालता हूँ
डालता हूँ डालता हूँ
नहीं इस बार भी
यह वह नहीं
यह जान कर भी डालता हूँ
चलता रहेगा
अनन्त तक
उसी एक मछली के लिए
यह अधूरा असफल उपक्रम!

□□□